두여자

영화로 배우는 이란어 - 두여자

발행 2003년 3월 10일 / 인쇄 2003년 3월 5일 / 김영연 편저 / 펴낸이 서덕일 / 펴낸곳 도서출판 문예림 / 등록번호 1962. 7. 12. 제 2-110호 / 주소 서울 광진구 군자동 195-21호 문예빌딩 201호 / Phone. 499-1281~2 Fax. 499-1283 / http://www.bookmoon.co.kr / E-mail: my1281@lycos.co.kr

· 잘못 만들어진 책은 본사나 구입하신 서점에서 교환하여 드립니다.
· 이 책은 저작권법에 의해 보호를 받는 저작물이므로 무단전재와 무단복제를 금합니다.

머리말

　이란영화가 우리에게 관심을 끌게 된 것은 압버스 키어로스타미의 '내 친구 집은 어디인가?' 로 호평을 받은 이후부터이다. 그 뒤를 이어 말크말버프의 '가베', 쟈화르 파너희의 '하얀풍선', 마지드 마지디의 '천국의 아이들' 이 영화제를 통해 인정을 받게 되자 관심은 倍加되었다. 이러한 분위기는 쟈화르 파너히의 '써클' 이 개봉되면서 이란여성에 관한 관심으로 전환되었고, 이어 지난 2002년 제 4회 서울여성영화제에서는 이란의 페미니스트 영화감독인 타흐미네 밀러니를 초청하여 그녀의 작품에 대한 해석과 작가의 시각을 집중적으로 분석하였다. 타흐미네 밀러니가 세계적으로 관심을 끌게 된 것은 이란국내에서 받은 정치적인 처우이기도 하지만 작품자체가 페미니즘시각에서 현재의 이란여성의 삶과 가부장적 사회를 리얼하게 그려 대중적으로 인정을 받았다는 점이다. 그녀는 2000년 발표한 '숨겨진 반쪽' 에서 1979년 일어난 이슬람혁명을 비판했다는 이유로 성직자들에 의해 사형선고를 받고 위기에 처하였다. 그러나 전 세계의 유명한 감독들의 구명운동과 허타미대통령의 중재로 위기를 모면하면서 주목을 받게 되었다. 이에 대해 그녀는, 시대적 상황을 보여주려 했지만 혁명을 비판할 의도는 없었고, 현 대통령이 주장하고 있는 문명간의 대화는 국가간, 문명간의 대화도 중요하지만 대화의 시작은 개인 사이에서 시작되고, 가정내의 대화가 가장 근본적이라고 의사를 밝혔다.
　본서는 영상이란 장르로 이슬람 세계만으로 국한시킬 수 없는 가부장적 사회에서 겪는 여성의 삶과 고통을 리얼하게 표현한 '두 여자' 의 시나리오이다. '두 여자' 는 사회가 허락하는 삶을 살아야 하는 외면적인 자아와 허락하지 않는 삶을 살고 싶어하는 내면적으로 숨겨진 자아를 담은 여성영화이다. 사회현실과 여성의 삶의 리얼리티를 표현한 스토리전개는 현실적이고 실용적인 표현으로 구성되어 있다. 게다가 비록 영화적인 상황이지만 상황설정과 대화가 실생활에 있어 회화를 익히는데 많은 도움을 줄 수 있는 실용성을 가진 구어체문장들이다. 그러므로 이란어의 기초 과정을 거친 수준에서 용이하게 이해할 수 있는 내용이

다. 이러한 면에 착안하여 영화라는 매체를 통해 보다 현장감있는 이란어 습득을 도울 수 있다는 기대에서 이란어의 원문과 한국어의 번역을 함께 배치하여 독자적으로 연습하더라도 쉽게 이해할 수 있도록 구성하였다. 본서를 통해 회화의 실력을 높이고 실제상황에서 원어민과 유사하게 구사할 수 있는 적응력을 쌓아 간다면 큰 기쁨이 될 것이다.

끝으로 외국어에 관심을 가지고 출판해 주신 서덕일사장님께 감사 드린다.

2003년 2월 연구실에서

편저자

두 여자

شخصیت های اصلی

فرشته

فقیر، باهوش، دانشجوی شهرستانی رشته معماری

رویا

مرفه، با ضریب هوشی متوسط، دانشجوی رشته معماری، مقیم تهران

احمد

دیپلمه، کاسب، موقعیت مالی متوسط، متعصب در الگوهای ذهنی، خودبین، انعطاف ناپذیر، همسر فرشته

حسن

قد بلند و لاغر، لومپن، انحصارطلب

متین

آرشیتکت، موقعیت مالی خوب، متین، موقربا افکاری متعالی، همسر رویا

پدر فرشته

کارمند جزء، متعصب، تندخو، خودبین

مارد فرشته

خانه دار، صبور، غصه خور و مطیع

سایر شخصیت ها

خواهر و برادرهای کوچکتر فرسته - استاد دانشگاه - پسر عمو - زن عمر - عمو - منشی - زن ها و مردهای داخل اتوبوس - راننده وانت - پدر احمد - مادر احمد - خواهد احمد - دانشجویان - پزشکان - پرستاران - مأمور برق - مهندسین - کارگران ساختمانی - سرکارگر - مردم خیابان - افراد پلیس - بچه های فرشته در سنپن مختلف - مأمورین فرودگاه - افراد بیمارستان و ...

인물들의 성격

훼레쉬테 가정은 빈곤하지만 총명하고 건축학을 전공하는 지방 출신의 여대생

로여 가정은 비교적 부유하고 건축학을 전공하는 테헤란 출신의 여대생으로 중간정도 학업성적을 유지함

아흐마드 고등학교의 과정을 마치고 상업을 하며 중류층의 재산을 가진 고집이 세고 이기적이며 가부장적인 사고를 가진 고지식한 성격의 소유자로 훼레쉬테의 남편

하산 키가 크고 마른 체격으로 건달로서 집착이 강함

마틴 건축가이며 부유하며 침착하고 의지가 강하며 고상하고 젊잖은 성격으로 로여의 남편

훼레쉬테의 아버지 말단 사원으로 이기적이고 고집이 세며 편견이 심함

훼레쉬테의 어머니 가정주부로서 순종적이며 인내심이 많고 비관적인 성격

그 이외의 인물

 훼레쉬테의 남동생과 여동생들, 대학교수, 숙부와 숙모, 비서, 버스 안의 승객들, 화물차 기사, 아흐마드의 부모, 아흐마드의 누이, 대학생들, 의사들, 간호사들, 전기회사 직원, 건축기사들, 건설현장의 노동자들, 십장, 경찰관들, 나이가 다양한 훼레쉬테의 자식, 공항의 직원들, 병원의 사무직원들.

فصل ۱ / روز / داخلی / دفتر مهندسین مشاور

اتاق منشی

منشی - آرتا... بفرمایید...

صدای زن - دفتر خانم رویا رفیعی اونجاست؟

منشی - بعله... شما؟

صدای زن - با خودشون کار داشتم...

منشی - ایشون تشریف ندارن، اگه پیغامی دارین بفرمائین...

صدای زن - تشریف ندارن! من کار واجبی تاهاشون دارم... کجا می تونم پیداشون کنم؟ خانم خواهش می کنم...

منشی - همسرشون هستن... می خوایین باهاشون صحبت کنین؟

صدای زن - همسرشون؟! خب باشه حرف می زنم...

آتلیه معماری

متین - این نکته رو رویا متوجه شد که محل تأسیسات نسبت به نقشه های قبلی جابجا شده...

مهندس ۱ - خدایا این خانم مهندسو از ما نگیر...

صدای منشی - آقای مهندس یکی از دوستان خانمتون پشت خطه...

متین - آمین...

مهندس ۲ - شما زن و شوهر چقدر نون به هم قرض می دین...

متین - چه کنیم دیگه ... بعله...

صدای منشی - آقای مهندس یه خانمی پشت خطه، با خانمتون کار داره... کارشونم ضروریه...

متین - وصل کنید...

صدای زن - سلام آقا... من از دوستان قدیمی رویا هستم... شما منو نمی شناسین... اسمم فرشته است...

صدای زن - من به رویا احتیاج دارم...

제1장 낮 / 실내 / 회의실

비서실

비서 어르입니다. 말씀하세요.

여자의 목소리 로여 라피이 씨 사무실인가요?

비서 네... 누구세요?

여자의 목소리 그 분과 통화하고 싶은데요.

비서 않계신데요. 남기실 말씀이 있으면 전해드릴게요.

여자의 목소리 않계시다구요! 급한 일이 있어서 그러는데... 어디서 찾을 수 있을까요? 부탁드립니다.

비서 남편 분은 계시는데... 그 분하고라도 말씀하시겠어요?

여자의 목소리 남편이라구요? 좋아요. 말씀드릴께요.

건축 아트리예

마틴 지난번 설계도에 비해 시설물의 위치가 바뀌었다는 것을 로여가 찾아냈어.

기사 1 신이여 이 여성 건축가 분을 저희에게서 데려가지 마소서.... (농담조로)

비서의 목소리 마틴씨, 부인의 친구분이 전화하셨는데요...

마틴 어민...

기사 2 자네 부인과 자네는 참 끝내주는 부부야!

마틴 어떻하겠어.. 네...?

비서의 목소리 기사님, 어떤 여자 분이 전화하셨는데요.
부인께 일이 있다고 하시는데요. 급한 일이랍니다...

마틴 연결하세요...

여자의 목소리 안녕하세요. 전 로여의 옛 친구입니다만. 절 모르실거예요.
훼레쉬테라고합니다.

여자의 목소리 로여의 도움이 필요해서요...

متین - فرشته !

صدای فرشته - بعله...

متین - یکی از آپارچی ها... درسته ؟!

صدای فرشته - بعله... بعله...

متین - ببینید خانم من شمارو می شناسم... ولی شما رویا الان توی کارگاهه... یه شماره بهتون می دم می تونین اونجا پیداش کنین...

마틴	훼레쉬테!
훼레쉬테의 목소리	네...
마틴	그 어퍼치[1]들 중 한 사람... 맞아요?
훼레쉬테의 목소리	네... 네...
마틴	알고 말고요... 그런데 당신... 로여는 지금 건축현장에 있어요... 번호를 드릴께요. 통화할 수 있을겁니다...

1) 주로 여성들에게 사용함. 장난꾸러기 또는 장난조로 뻔뻔스러운 사람을 지칭함.

فصل ۲ / روز / داخلی. خارجی. / کارگاه ساختمانی

رویا - آقای رمضانی... آقای رمضانی... آقا کلاهتون !
رویا - خنده نداره آقا... بفرمایین کلاهتونو بذارین سرتون... بفرمایین...
رویا - می بخشید...
رویا - بعله...
صدای فرشته - الو... الو... رویا خودتی...
صدای فرشته - ...منم...
رویا فرشته !... خدای من باورم نمی شه...
فرشته - بهت احتیاج دارم... می تونی بیای ؟
رویا - چی می گی... کجایی ؟...
فرشته - بیمارستان قلب... بیا اگه می تونی...
رویا - اونجا چرا ؟ چی شده ؟
فرشته - بیا برات توضیح می دم... شوهرمو تو آی سی یو خوابوندن...
رویا - باشه... باشه... الان خودمو می رسونم...

제2장 낮 / 실내, 실외 / 건축 중인 현장

로여	라메저니씨... 라메저니씨... 안전모요!
로여	웃을 일이 아니지요... 어서 안전모를 쓰세요... 제발요...
로여	죄송해요...
로여	네...
훼레쉬테의 목소리	여보세요.. 여보세요.. 로여, 너니...?
훼레쉬테의 목소리	... 나야 ...
로여	훼레쉬테!... 신이여... 믿을 수가 없어..
훼레쉬테	네 도움이 필요해... 올 수 있니?
로여	무슨 말이야... 어딘데?
훼레쉬테	심장병원... 올 수 있으면 와 줘...
로여	거긴 왜? 무슨 일이야?
훼레쉬테	와. 얘기해 줄게. 남편이 I.C.U.에 있어...
로여	그래... 그래... 알았어. 지금 갈게...

فصل ۳ / روز رو به غروب / خارجی / مقابل دفتر مهندسین مشاور

رویا – سلام...

متین – سلام... زود اومدی...

رویا – معلومه...

متین – می دونستم خوشحال می شی...

رویا – نمی دونی چه حالی دارم... فرشته ! بعد از این همه سال...

رویا – وای که تو چقدر ماهی... سعی می کنم زود برگردم... تو با آژانس برو تعمیرگاه اگه ماشین من حاضر بود بگیر... اگه دیدی دیر کردم دنبال گلنازم برو... غذارو گرم کن... غذای گلنازم بده...

متین – مطمئنی کار دیگه ای نداری... خرید مامان... خشکشوئی... رخت چرک... نمی دونم گلدون آب دادن...

رویا – متلک می گی؟

متین – نه...

رویا – پس این جوری نگو بهم بر می خوره... آخ اگه بدونی چه حالی دارم...

متین – آره می دونم... خیلی خب، خیلی خب حالا زودتر بزن به چاک...

رویا – ممکنه شب بیارمش خونه...

متین – دو تا آپارچی تو اون خونه کوچیک... خدا بخیر کنه... مشتاق دیدار...

رویا – می بینمت...

رویا – ببین...

متین – ها...

رویا – ۵ تا دوستت دارم...

متین – من هم همین طور...

 **제3장** 해질무렵 / 실외 / 건축상담기사 회의실 앞

로여   안녕...
마틴   안녕... 빨리 왔네...
로여   당연하지...
마틴   기뻐할 줄 알았는데..
로여   지금 내 기분이 어떤지 모르겠어요?... 훼레쉬테!
        이렇게 오랜 세월이 지나서야...
로여   얼마나 오랜 시간동안...
        빨리 오도록 노력할게요... 택시로 정비소에 가서 내 차가 다됐으면 찾아와요... 내가 늦어지는게 분명하면 우리 골너즈 데려와서 음식준비해서 밥 먹이구요...
마틴   또 다른 일은 없어? 확실해? 장 볼것.., 드라이 클리닝..., 세탁... 난 모르겠는데 화분에 물주는 거...?
로여   날 놀리는 거예요?
마틴   아니...
로여   그럼 그런 식으로 말하지마요. 정곡을 찌른다구요... 아,
        응? 지금 내 기분이 어떤 지 안다면 말이예요...
마틴   그럼 알고 말고.. 자 어서 가...
로여   훼레쉬테를 밤에 집으로 데려올지도 몰라요...
마틴   조그만 집에 두 어퍼치라.... 신이여 살피소서... 만나기를 기대합니다...
로여   이따 봐요...
로여   저어...
마틴   어?
로여   아주 아주 사랑해요...
마틴   나도. 그래...

فصل ۴ / روز رو به غروب / خارجی / خیابان های تهران

رویا در خیابان ها می راند... در فکر است... بر روی تصویر درشت او صدای نا مفهوم او و فرشته در دوران جوانی شنیده می شود... از تصویر درشت رویا دیزالو به تصویر رویا در سال ها پیش در کلاس درس که استاد نام او را صدا می زند...

فصل ۵ / روز. سال ۱۳۵۹ / داخلی / کلاسی در دانشکده معماری

استاد - خانم رفیعی...

استاد - خانم رفیعی... خانم رفیعی...

استاد - خانم رویا رفیعی با شما هستم... بفرمائین پای تخته...

رویا - استاد ! من تو این مبحث یه کمی اشکال دارم...

استاد - دوسه ترمی است که این درسو می گیرین، نه ؟

رویا - (با خجالت)، بله...

استاد - کی بلده این مسئله رو حل کنه ؟...

استاد - حتی یک نفر از شما ها نمی تونه مسئله به این سادگی رو حل بکنه... متی یک نفر !

دختر - استاد ! فکر می کنم من بتونم...

استاد - بفرمائین پای تخته...

استاد - آفرین بر تو دخترم... اسم شما چی بود؟

دختر - فرشته نام آور...

استاد - بفرمائین بنشینین خانم نام آور... حقیقتا این اسم برازنده شماست...

 제4장 해질무렵 / 실외 / 테헤란 거리

로여는 거리에서 운전을 하며 생각중이다.... 그의 머리 속에서 젊은 시절의 자신과 훼레쉬테의 희미한 목소리가 들린다... 로여의 큰 얼굴모습에서 실물크기로 옮겨지면서, 수년전 강의실에서 교수가 그녀의 이름을 부르고 있다...

 제5장 1359년 낮/ 실내/ 건축과 강의실

교수	라피이양...
교수	라피이 학생... 라피이..
교수	로여 라피이. 자네한테 하는 말이야. 자 칠판 앞으로 나오지...
로여	교수님!, 전 이 부분에 모르는게 좀 있는데요....
교수	이 강의를 두 세 학기 수강하는거 아니야?
로여	(부끄러워하며)네...
교수	누구 이 문제를 풀 수 있지?
교수	단 한 사람도 이렇게 쉬운 문제를 풀 수 없나? 단 한사람도!
학생	교수님! 제가 할 수 있을 것 같은데요...
교수	자 앞으로 나오게...
교수	잘했어. 이름이 뭐였더라?
학생	훼레쉬테 넘어바르....
교수	자 앉지, 넘어바르[2] 양. 정말 이름 값을 하는구먼.

---

(2) 직역하면, '명성이 있는 천사' 라는 의미임.

فصل ۶ / روز. سال ۱۳۵۹ / خارجی / مقابل دانشکده معماری

رویا – سلام...

فرشته – سلام...

رویا – می تونم چند دقیقه وقتتو بگیرم؟...

فرشته – خواهش می کنم...

رویا – منو یادت می آد؟

فرشته – خانم رفیعی ؟

رویا – درسته... ببین پایه ریاضیات من ضعیفه... می خواستم بگم، اگه ممکنه هفته ای چند ساعت مزاحمت بشم...

فرشته – نه، مزاحمتی نیست... من با کمال میل این کارو می کنم، ولی پول پول می گیرم...

رویا – بعله !؟

فرشته – من ساعتی ۱۰۰ تومن می گیرم درس می دم... برای خرج تحصیلم...

رویا – باشه... اشکالی نداده... اونجوری برای منم بهتره... خب کی وقت داری؟

فرشته – چهار شنبه چهار تا شش خوبه...

رویا – من کلاس زبان دارم... پنچشنبه یا جمعه چطوره؟

فرشته – پنج شنبه خوبه...

제16장 1359년 낮/ 실외/ 건축대학 앞

로여 안녕…

훼레쉬테 안녕…

로여 시간 좀 내줄 수 있어?

훼레쉬테 그럼..

로여 나 기억해?

훼레쉬테 라피이?

로여 맞아… 난 수학기초가 약해… 말하고 싶은건 다른게 아니라 가능하면 일주일에 몇 시간 정도 시간을 내줄 수 있어…

훼레쉬테 그래. 내줄 수 있지.. 기꺼이 하지. 그런데 돈을 받을거야…

로여 으응?!

훼레쉬테 난 시간당 100토먼[3]을 받고 가르쳐 줄꺼야.
내 공부하기 위한 비용조로…

로여 좋아. 상관없어. 그렇게 하는 게 나도 편해. 그럼, 언제 시간있니?

훼레쉬테 수요일[4]4시부터 6시가 좋은데.

로여 영어수강이 있는데. 목요일이나 금요일은 어때?

훼레쉬테 목요일이 괜찮겠는데…

(3) 이란의 화폐단위. 10리얼이 1토먼임.
(4) 이란의 요일은 토요일부터 시작하여 목요일이 주말이 되고 금요일이 공휴일이 된다. 그러므로 의미상으로 역하면 수요일은 금요일, 목요일은 토요일, 금요일은 토요일의 개념이 된다.

فصل ۷ / زمان های مختلف. سال ۱۳۵۹ / مکان های مختلف

(از آخرین پلان فصل قبل موسیقی آغاز می شود)

فرشته و رویا در کلاس درس کنار تخته سیاه هستند، فرشته به رویا ریاضیات می آموزد... دیزالو به تصویر فرشته و رویا در کتابخانه که یکی از دروس خود را مرور می کنند... دیزالو به تصویر آن دو که در آتلیه یک ماکت زیبا را رنگ می زنند... دیزالو به آن دو که در محوطه سر سبز دانشگاه بر روی نیمکتی همزمان با خنده و شوخی درس می خوانند... دیزالو به دویدن آن دو در زیر باران... دیزالو به کلاس درس که رویا چیزی را از گوشه چشم فرشته بر می دارد و هر دو می خندند... دیزالو به اتاق رویا که با دوربین عکاسی از فرشته عکس می گیرد... دیزالو به یک نمایشگاه نقاشی که قدم می زنند و تابلو ها را می نگرند... دیزالو به تریای دانشکده که فرشته دو شیشه دوغ را بر روی میز گذارده کنار رویا می نشیند، رویا با شیطنت شیشه دوغ را تکان داده و محتویات آن را به اطراف می پاشد... دیزالو به اتاق رویا که آن دو بر روی کاناپه ای لم داده و آلبوم عکس نگاه می کنند... دیزالو به داخل یک اتوبوس که رویا از فرشته خداحافظی کرده می رود و همزمان یک پسر لات (حسن) در پشت صندلی فرشته جای می گیرد... حضور حسن فرشته را نگران می کند...

제17장 다양한 시간, 1359년/ 다양한 장소

(앞 장면의 마지막부터 음악이 시작된다.)

훼레쉬테와 로여는 칠판 앞에 앉아 있다. 훼레쉬테는 로여에게 수학을 가르쳐준다....

훼레쉬테와 로여가 도서관에서 공부를 하는 모습으로 넘어간다....

아틀리예에서 아름다운 건축설계모형을 색칠하는 장면으로 넘어간다.

대학교 잔디밭에서 웃으며 농담을 주고받으며 공부하는 것을 비쳐준다.

빗속을 달리는 둘...

수업시간에 훼레쉬테에게 눈짓으로 무엇인가를 말하는 로여, 그리고 둘은 마주보고 웃는다. 방에서 로여는 카메라로 훼레쉬테를 찍는다....

전시회장에서 그림들을 구경하고 있다..

(화면은 대학으로 옮겨지면서) 훼레쉬테는 둑[5] 두 병을 책상에 올려놓고 로여 옆에 앉는다.

로여는 장난스럽게 병을 흔들어 둑을 주위에 뿌린다...

로여의 방 소파에 기대 앨범사진을 보는 장면으로 바뀐다...

버스 안으로.. 로여는 버스에 탄 훼레쉬테에게 인사를 하고 간다. 그 때 방랑아(하산)이 훼레쉬테 뒷좌석에 자리를 잡는다. 하산의 등장으로 훼레쉬테는 불안해한다....

(5) 요구르트로 만든 발포성 이란식 음료.

فصل ۸ / غروب. سال ۱۳۵۹ / داخلی / اتاق رویا

فرشته - شیر فهم شد... سخت که نبود؟...

رویا - تو نابغه ای...

فرشته - جدی !

رویا - به خدا راست می گم نابغه، ماه، دوست داشتی...

فرشته - برو بابا...

رویا - داشتم فکر می کردم اگه تو امریکا به دنیا اومده بودی یا مثلا انگلیس... الان تو هاروارد یا آکسفورد داشتی واسه خودت معلق می زدی...

فرشته - خوشبختانه که در ایران به دنیا اومدم چون من از معلق زدن زیاد خوشم نمی آد... صادره از مورچه خورت از توابع اصفهان...

رویا - چطور لهجه نداری؟

فرشته - چی چی لهجه ندارم... خوبم دارم...

رویا - خب دیگه بسه... پاشو بزن به چاک، می خوام تمرینای انگلیسی مو حل کنم...

فرشته - چی چی این پول بی زبونو می دی به این کلاسا ! بده به خودم بهت یاد بدم...

رویا - چقدر تو به فکر پولی! چرا از بابات نمی گیری؟

فرشته - بابام پولش کجا بود بیچاره... اگه با این وضعش، مجبور بود پولم برام بفرسته، دیگه چی می شد... خب نظرت چیه؟

رویا - راجع به چی؟...

فرشته - تدریس زبان...

رویا - یعنی این قدر انگلیسی ات خوبه؟...

فرشته - اونقدر خوب هست که از پس تو یکی بربیام...

رویا - کجا کلاس رفتی ؟!

فرشته - هیچ جا... پیش خودم یاد گرفتم... از تو کتاب، نوار، لینگافن...

رویا - یه چیزی بگو...

제18장 해질무렵, 1359년/ 실내 / 로여의 방

훼레쉬테	잘 이해했어? 어렵지 않았지?...
로여	넌 천재야...
훼레쉬테	진담이야!
로여	신께 맹세코 정말이라니까 예쁘고 사랑스럽고...
훼레쉬테	그만해...
로여	네가 미국이나 영국같은데서 태어났다면...지금쯤 하버드나 옥스퍼드에서 활보했을거라 생각했었어.
훼레쉬테	운 좋게도 이란에서 태어났잖아. 왜냐면 매여살게 되는 것 별로 좋아하지 않아... 에스파헌의 조그만 마을에서 유학왔잖아....
로여	근데 어떻게 사투리를 안 쓰니?
훼레쉬테	뭐라고?...사투리를 안 쓴다고? 쓰잖아.
로여	그래.. 그만해... 일어나자.. 영어공부해야겠어.
훼레쉬테	뭐.. 뭐.. 말 한마디 못하는데 그 돈을 학원에 준다고? 그 돈 나 줘 내가 가르쳐 줄께.
로여	늘 돈 생각이구나. 왜 아버지에게 돈 안타니?
훼레쉬테	아버지가 돈이 어디 있어. 나한테까지 돈을 보내야 한다면 어떻게 사시겠어 그래, 어떻게 생각해?
로여	뭐를?
훼레쉬테	영어 공부 말야.
로여	영어도 그렇게 잘 한다는 거야?
훼레쉬테	너 가르쳐 줄 정도는 돼.
로여	어느 학원에서 배운 거야?
훼레쉬테	아무 곳도..혼자서 공부한 거야. 책, 테이프. 어학실습기...
로여	한 번 말해봐.

Ok. I am gone ask you something

Let's get out of here

رویا - ... دختر تو معرکه ای...

فرشته - Yes, I am

فرشته - ببین، من می تونم چند تا کتاب ازت قرض کنم؟

رویا - حتما... هر چند تا می خواهی ببر، ولی شرط داره...

فرشته - چه شرطی؟

رویا - اگه فردا تو امتحان گیر کردم یعنی تو گل مثل خر، باید بهم برسونی...

فرشته - حتما... می دونی که از هیجان خوشم میاد...(با غصه) ولی اگه دانشگاه ها رو تعطیل کنن، این درس و امتحانات به هیچ دردی نمی خوره...

رویا - آره مثل این که جریان جدیه...

فرشته - خیلی بد میشه، همه برنامه هام به هم می خوره...

O.k. I am gone ask you something.
Let's get out of here.

로여	이봐, 너 천재 맞지?
훼레쉬테	Yes, I am.
훼레쉬테	네게 책 몇 권 빌려도 돼?
로여	물론이지. 원하는 대로 가져가. 단 조건이 있어...
훼레쉬테	무슨 조건?
로여	내일 시험 못 보면 난 진흙탕에 빠진 당나귀처럼 되는 거야. 나 좀 구해주어야만 해.
훼레쉬테	물론이지... 내가 모험을 즐기는 거. 알잖아 (슬퍼하며) 그런 데 정말 휴교령이 내리면 공부도 시험도 아무 소용이 없게 되지.
로여	그래, 정말 상황이 진지하게 되지...
훼레쉬테	그래. 그렇게 되면 내 계획은 모두 엉망이 되는거야.

فصل ۹ / روز و سال ۱۳۵۹ / داخلی / سالن امتحان دانشکده معماری

فرشته - تقلبه... بده به اون خانم...

فصل ۱۰ / روز. سال ۱۳۵۹ / خارجی / محوطه دانشگاه

رویا - خانم نابغه گل کاشتی...
فرشته - قابل شمارو نداشت...
رویا - واقعا مثل خر تو گل گیر کرده بودم اصلا نمی دونستم چی کار کنم...
رویا - بیا از این جا بریم...
فرشته - صبر کن...
رویا - بیا بریم، من می ترسم...
فرشته - صبر کن ببینم چی می شه...
رویا - بیا بریم دیگه...

제9장 낮, 1359년 / 실내 / 건축대학의 시험장소

훼레쉬테 컨닝 페이퍼야. 저 여자애에게 줘....

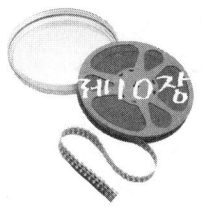

제10장 낮, 1359년 / 실외 / 학교 교정

로여 천재 친구, 해 냈어.

훼레쉬테 천만에

로여 진흙탕에 빠진 당나귀같은 내 신세였던 나였어.
정말 뭘 해야 할지 몰랐었는데...

로여 자, 가자.

훼레쉬테 잠시 기다려.

로여 어서, 가자. 무서워...

훼레쉬테 잠깐, 무슨 일인지 좀 보고.

로여 어서, 가자니까...

فصل ۱۱ / روز. سال ۱۳۵۹ / داخلی / دستشویی دانشکده معماری

فرشته - فردا یه متینگ هست، می یای؟
رویا - من از این چیزا می ترسم...
فرشته - برس نداره... ما باید خرومون برای خودمون تصمیم بگیریم... من که می رم...
دختر - ببخشید خانم... شما فرشته نام آور هستید؟
فرشته - بعله...
دختر - من یه عرضی داشتم... یکی از دوستان شوهر من از شما خیلی خوشش اومده و از من خواهش کرده که اگه امکان داشته باشه آدرس شما رو بگیرم...
فرشته - چه جالب!...
دختر - قصدشون ازدواجه... عکسشونم دادن... شایدم دیده باشین...
رویا - بده ببینم...
دختر - وضع مالیشونم خیلی خوبه... پدرشونم استاد دانشگاهه...
رویا - (به شوخی) مطمئنین ایشون منو اشتباه نگرفتن؟
دختر - حالا اگه اجازه بدین مزاحمتون بشن و بیشتر با شما آشنا بشن...

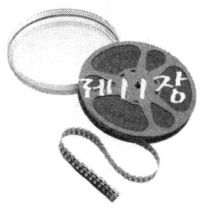

제11장 1359년 / 실내/ 건축대학 화장실

훼레쉬테	내일 모임이 있는데, 올거지?
로여	난 이런 거 무서워.
훼레쉬테	무서울 것 없어... 우린 우리 스스로를 위해 결정해야만 해... 난 갈래.
여학생	저 실례지만, 훼레쉬테 넘어바르이지요?
훼레쉬테	네, 그런데...
여학생	드릴 말씀이 있어서요. 제 남편 친구 중 한 분이 당신을 매우 좋아해서 가능하시면 주소를 받아달라고 부탁받았거든요.
훼레쉬테	재미있네요!...
여학생	그 사람이 원하는 것은 결혼인데요. 사진도 제게 줬어요. 어쩌면 전에 본 분일 수도 있어요...
로여	줘봐요. 보게...
여학생	경제력도 있고... 부친은 대학교수세요.
로여	(농담조로) 확실한 거에요? 난데 잘못 알건 아니에요?
여학생	저, 괜찮으시다면 실례를 무릅쓰고 서로 아는 사이가 되시면...

فصل ۱۲ / روز. سال ۱۳۵۹ / خارجی / محوطه دانشکده معماری

رویا - چرا جواب رد دادی دیوونه؟! شاید پسره خوب بود...
فرشته - فعلا قصد ازدواج ندارم... می دونی می خوام درسم که تموم شد یه سروسامونی به وضع خواهر و برادرم بدم... به پدرم کمک کنم خونمونو عوض کنه... می دونی یه عالمه نقشه دارم... در ضمن بگم این پسری که من دیدم چشمش به خونه و خانواده ما بیفته دو تا پا داره دو تا هم قرض می کنه و می زنه به چاک...

فرشته - حالا فکر کن من قبول کردم و قضیه جور شد... به بچه هام بگم باباتون تو توالت از من خواستگاری کرده!
رویا - از دست تو...
فرشته - راست می گم دیگه... آخه توالتم شد جای خواستگاری؟!
پسر - دانشگاه تهران شلوغ شده... دانشگاه تهران شلوغ شده...

제12장 낮, 1359년 / 실외 / 건축 대학 교정

로여 왜 거절했어? 미쳤어! 혹시 좋은 남자일 수도 있잖아...

훼레쉬테 지금으로선 결혼 같은 거 할 생각 없어... 공부 마치면 여동생과 남동생을 정착할 수 있게 도와줄 거야. 우리집안 사정이 좋아지도록 아버지도 도와드릴거고... 하고 싶은 게 얼마나 많은 줄 아니... 그리고 아까 나를 봤다는 그 사람이 우리집 사정을 알게 되서 뼈빠지게 일해서 빚 갚고 나면, 질려서 도망갈거야.

훼레쉬테 내가 청혼을 받아들였다고 치자. 이렇게 되는거야...나중에 내 자식들에게 네 아빠가 화장실에서 청혼했다고 말할까!

로여 너라는 아인...

훼레쉬테 맞는 말이지. 청혼 장소가 결국 화장실이 될 수 있니?!

남학생 테헤란 대학이 술렁거려요.... 테헤란 대학이 술렁인다구요.

فصل ۱۳ / روز. سال ۱۳۵۹ /داخلی. خارجی / ایستگاه و داخل اتوبوس

ایستگاه اتوبوس

فرشته - دیدی چه خبر بود؟

رویا - آره داشتم از ترس سکته می کردم...

فرشته - مثل این که قضیه خیلی جدیه... تو خوابگاه یه اطلاعیه زدن که دانشجویان شهرستانی هر چه زودتر خوابگاهو تخلیه کنن...

رویا - فکر نکنم زیاد طول بکشه... یکی دو ماه دیگه این سرو صداها می خوابه، دانشگاه باز می شه بر می گردی، می یای...

فرشته - نمی دونم...با این وضعی که من دیدم...

رویا - بی خیال بابا...

رویا - فرشته! خواستگارت...

فرشته - آره...

رویا - برا ما وایستاده ها...

فرشته - بروت نیار زشته...

رویا - رفتش... دعا کن تو امتحان رانندگی قبول بشم... بابام قول داده یه رنو برام بخره...

فرشته - چه خوب... می خوای رانندگی یادت بدم؟

رویا - مگه بلدی؟!

فرشته - آره، دو هفته است که گواهینامه گرفتم...

رویا - باباتو دیگه کی هستی!... می یای بریم خونه ما؟

فرشته - نه، به زن عموم قول دادم به درس و مشق بچه هاش برسم، امتحاناشون نزدیکه...

فرشته - رویا... اوناهش... همون پسری که گفتم مزاحمم می شه...

رویا - کو؟... کجاست؟...

فرشته - یواشتر... همونی که شلوار سربازی تنشه...

رویا - چقدر هم خوش تیپه! دیگه راستی راستی بهت حسودیم شد فرشته...

 **제 3장** 1359년 / 실내, 실외 / 버스 정류장과 버스 안

버스 정류장

훼레쉬테	봤지, 어떤 상황인지?
로여	그래, 무서워서 심장이 마비되는 줄 알았어.
훼레쉬테	그래, 사태가 정말 심각한 것 같아. 기숙사에도 공고가 났는데 지방학생들은 가능하면 빨리 떠나라는거야.
로여	오래 걸리지는 않을 것 같은데. 한 두 달이면 소요가 가라앉을 거고, 학교도 다시 열거니까, 갔다가 다시 와...
훼레쉬테	모르겠어. 내가 본 이 상황들로는..
로여	다 잊어. 으응...
로여	훼레쉬테! 너한테 청혼한 사람...
훼레쉬테	그래...
로여	우리 때문에 섰어.
훼레쉬테	쳐다보지마. 추해...
로여	갔어... 면허시험에 붙도록 기도해 줘... 아빠가 르놀 사주시기로 약속했거든.
훼레쉬테	좋겠다... 운전 가르쳐 줄까?
로여	운전도 할 줄 안다구?!
훼레쉬테	응. 면허증 딴 지 2주 됐어.
로여	오, 도대체 넌 뭐야!... 우리 집에 같이 갈래?
훼레쉬테	아니, 숙모에게 약속했거든. 애들 숙제랑 공부 봐주기로. 곧 시험이래.
훼레쉬테	로여.. 저 사람... 나를 괴롭힌다고 했던 그 사람이야.
로여	어디? 어디야?
훼레쉬테	좀더 천천히...군복 바지 입은 바로 그 사람...
로여	잘 생겼네! 정말 질투나는데. 훼레쉬테...
훼레쉬테	제발 부탁인데, 지금 같은 상황에서 날 놀리지마. 저 사람을 얼마나 무서워하는데...? 만날 때마다 가슴이 떨리고 불안해...
로여	에이 겁 먹을 거 없어. 한 대 치면 쓰러질 텐데 뭐.
훼레쉬테	생각해봐. 얼마나 뻔뻔한데. 매일 기숙사 문 앞에 서 학교까지 날 에스코트 한다구...
로여	며칠간 신경쓰지말고 모르는 척 해봐. 그럼 제 풀에 꺾일 거야.

فرشته - خواهش می کنم سر این موضوع سر به سرم نذار که اعصابم خرده... نمی دونی چقدر ازش می ترسم... هر وقت می بینمش دلم شور می زنه...

رویا - بابا این که ترس نداره.. یه مشت بهش بزنی ولو می شه...

فرشته - خیال می کنی... خیلی بچه پرروئه... هر روز دم در خوابگاه وای می ایسته تا دانشگاه اسکورتم می کنه...

رویا - چند روزی محلش نذار، خودش می ره پی کارش...

داخل اتوبوس

حسن - خانم سر تو بکش کنار...

رویا - با من بودی؟!...

حسن - نه... پس با عمه ام بودم...

رویا - کدوم عمه ات؟!...

حسن - زر نزن بکش کنار...

رویا - حرف نزن بچه پررو...

یک پیر مرد - عجب دوره زمونه ای شده...

حسن - خفه بینم تلق تلوق...

رویا - آقای راننده، این آقا مزاحم ما هستن، ناراحتن، نگر دارین پیاده بشن...

حسن - عمه ات ناراحته... کی با تو بود اصلا انتر خانم...

رویا - فعلا تو ناراحتی...

حسن - سر تو بکش کنار بذار با بیاد...

رویا - آقای راننده، این آقا مزاحم ما هستن، نگر دارین ما پیاده بشیم...

راننده - داداش حوصله درد سر ندارم... بیا برو پایین...

حسن - یه بند وایستاده از دوست پسرانش و مهمونیایی که می ره حرف می زنه... خجالتم نمیکشه...

رویا - من؟!

حسن - نه، پس من؟!

버스 안

하산	이봐. 머리 좀 치우지. 옆으로...
로여	나한테 하는 말이었어?
하산	아니, 숙모와 말했는데...
로여	어느 숙모?!
하산	화나게 하지 말고 저리 비켜...
로여	닥쳐, 뻔뻔스러운 것.
어떤 노인	놀랍군, 말세야...
하산	가만히 계시죠. 투덜대지 말고...
로여	기사 아저씨, 이 사람이 저희를 괴롭혀요. 저 사람 내리게 세워주세요.
하산	너희 숙모가 언짢으시다는구만? 누가 너랑 얘기했다고 그래, 화가 엄청나셨군.
로여	기분 나쁜 건 너잖아.
하산	머리 좀 치워. 바람이라도 들어오게 비키라구...
로여	기사 아저씨. 이 남자가 저희를 괴롭혀요. 우리가 내리게 멈추세요.
운전기사	이봐 젊은 친구. 골치 아프군 기다릴 시간이 없으니, 어서 내려.
하산	남자와 파티 얘기나 하고 있었으면서. 부끄러운 줄 모르고...
로여	내가?!
하산	아니야? 그럼 나야?!
로여	기막혀. 거짓말하고 있네...
남자	아가씨, 맘 상해하지 마요. 저 사람 제 정신이 아닌게 확실하잖아요.
하산	앉아. 이봐, 당신이 제 정신이 아니지.
훼레쉬테	그래, 남자와 파티에 간 얘기하고 있었다..근데, 왠 참견이야?! 그게 너랑 무슨 상관이냐구?
하산	잘못하고 있군.
훼레쉬테	너나 잘못하지 마시지.
여자	부끄러운 줄 알아요. 내 앞에 서서 공부와 학교에 대해 얘기하고 있었다구요.
하산	앉지 그래. 당신, 정말 귀로 들은거요... 앉아...

رویا - بخدا دروغ می گه...
مرد - خانم قسم نخور، این اصلا معلومه که حالش خوش نیست...
حسن - بشین بابا حال نداری...
فرشته - آره، اصلا داشتیم از دوست پسرا و مهمونیایی که رفتیم حرف می زدیم... فضولی؟! تو سر پیازی یا پیاز...
حسن - غلط می کنین...
فرشته - خودت غلط می کنی...
خانم - آقا خجالت بکش، اینا بالای سر من وایستاده بودن و از درس و دانشکده حرف می زدن...
حسن - تو اصلا گوشت می شنوه... بشین...
خانم - بفرما پایین...
راننده - بیا برو پایین...
حسن - دستتو بکش... دستتو بکش...

여자	내려요, 어서..
운전기사	내려. 자, 어서.
하산	손 치워... 손 치우라고...

فصل ۱۴ / روز. سال ۱۳۵۹ / خارجی / یک کوچه

رویا - وای که تو چقدر ماهی؟

فرشته - لوس نشو بابا...

رویا - بخدا جدی می گم، همه چیزت بموقع است... بخوقع شیطونی، بموقع خانمی...

فرشته - بعله... بعله...

رویا - باورم نمی شه تو چه جوری این همه کتاب می خونی؟

فرشته - جدا این قدر کتاب جلد سفید خوندم که خودمم دارم می شم شکل کتاب... خوب می دونی من خودمو تو این کتابا پیدا می کنم... شرایط من با تو فرق داره...

حسن - اوی عوضی، منو از اتوبوس پیاده می کنی...

رویا - من... من...

فرشته - رویا بدو...

حسن - ببین این دفعه رو بی خیالی طی می کنم... ولی اگه یه دفعه دیگه از این غلطا بکنی می کشمت... دفعه آخرتم باشه با این اینور و اونور می پلکی... شیر فهم شد؟

فرشته - آقا کمک کنین... خواهش می کنم کمک کنین، یه دیوونه مزاحم ما شده...

یک مرد - چی شده خانم؟

فرشته - یکی مزاحم ما شده...

رویا - برو بابا دیوونه؟

حسن - ببین اگه یه دفعه دیگه باهاش ببینمت... با این صورتتو بی ریخت می کنم...

فرشته - غلط می کنی! آقا این داره در می ره... مردیکه عوضی...

فرشته - هی بهش هیچی نمی گم، پرروتر می شه...

فرشته - کجا داری در می ری؟

제14장 낮, 1359년 / 실외 / 어느 골목

로여	너, 정말 대단해..
훼레쉬테	비행기 태우지 마, 야..
로여	맹세해, 진심이야, 넌 전천후야. 장난칠 땐 장난하고, 여자다울 땐 여자답고...
훼레쉬테	그래... 그래...
로여	어떻게 이 많은 책들을 읽을 수 있는지 믿어지질 않아?
훼레쉬테	그래, 난 정말 책이 닳을 정도로 읽어. 책에서 나를 발견해. 나와는 다르잖아...
하산	흥, 나를 이 지경으로 버스에서 내리게 했겠다..
로여	난..난..
훼레쉬테	로여! 도망쳐..
하산	잘 들어 이번엔 이쯤에서 끝내지만 다음 번에 또 이런 짓하면 그땐 널 죽이겠어. 여기저기 얼쩡거리면 그땐 마지막이 될 줄 알아. 무슨 말인지 잘 알아듣겠어?
훼레쉬테	저기.., 도와주세요...제발 좀 도와주세요. 미친 사람이 저희를 괴롭혀요...
한 인부	무슨 일이에요, 아가씨?
훼레쉬테	어떤 사람이 저힐 위협해요.
로여	저리가, 이 미친놈아?
하산	다음 번에 또 보게 되면, 그 땐 이걸로 네 얼굴은 엉망이 될거야.
훼레쉬테	넌 지금 실수하고 있는 거야! 아저씨, 저 사람 도망치고 있어요... 못된 사람...
훼레쉬테	더는 아무 말 안 하겠어. 더 뻔뻔해 질 뿐이야.
훼레쉬테	어디로 도망가는 거야?

فصل ۱۵ / روز. سال ۱۳۵۹ / داخلی / اتاق رویا

رویا - فرشته این پسره خطرناکه...تورو خدا برو اصفهان یه مدت بمون... من نگرانتم... ببین هنوز دستام داره می لرزه...

فرشته - خیلی خب... یه کمی دراز بکش...

رویا - باید خیلی احتیاط کنی... اگه بهت چاقو بزنه... چه می دونم اگه به صورتت اسید بپاشه... می دونی چی می شه؟ یه عمر بدبخت می شی

فرشته - سخت نگیر... مگه شهر هر ته... خدمتش می رسم تو نگران نباش... می خوای یه مدت با من این ور و اونور نیا...

رویا - بخدا اصلا موضوع این نیست... من نگران توام... می گم چطوره بریم کلانتری شکایت کنیم...

فرشته - بدبختی های خودم کم بود، اینم بهش اضافه شد... نه بابا، خانواده من خوششون نمی یاد دختر پا تو کلانتری بذاره...

فرشته - نه، این جوری نمی شه... ما باید گروهمونو راه بیاندازیم...

رویا - گروه چی؟

فرشته - گروه خودمون دیگه...

فرشته - گروه آپاچی ها... دختران آپاچی... ببین...

فرشته - اینم آرمش... نظرت چیه؟

رویا - تو دیوونه ای!...

فرشته - بابا آخه این جوری که نمی شه یه بچه پررو تو خیابون را بیفته، هر چی از دهنش در می آد بهمون بگه، مام هیچی نگیم... ما باید خودمون خودمونو قوی کنیم، باید بریم کلاس کاراته، ورزش، بدنسازی...

فرشته - ببینم تو حالت خوبه؟

رویا - مثل این که حال تو بهتره...

فرشته - نمی خوام تنهات بذارم، اما باید برم خوابگاه، یه چندتا کتاب هست که باید بدم به پسر عموم... رو ایده آپاچی ها فکر کن...

제15장 낮, 1359년 / 실내/ 로여 방

로여 훼레쉬테. 그 남자 위험해. 제발... 에스파헌으로 가서 얼마간 지내...
너무 걱정돼. 내 손 좀 봐. 아직도 떨고 있잖아...

훼레쉬테 알았어. 잠깐 누워 있어...

로여 정말로 조심해야 돼... 만일 너한테 칼이라도 들이댄다면...
어떻게 알겠어? 황산이라도 네 얼굴에 뿌린다면 어찌되는지 알아?

훼레쉬테 너무 심각하게 생각하지마. 넌 걱정하지 말고...
당분간 나랑 같이 여기저기 다니지 말자? 내가 알아서 할꺼야.

로여 신께 맹세코, 정말 그런 얘기가 아니잖아... 난 네가 걱정돼.
경찰에 신고하는 건 어떨까?

훼레쉬테 아직도 내 불행이 모자라나봐. 그래서 이런 것이 더해지나봐 아니, 우리 집에선 여자애가 경찰서 드나드는거 싫어해.

훼레쉬테 아니야. 이렇게 가만히 못 있지.
우린 반드시 우리만의 조직을 만들어야해.

로여 무슨 조직?

훼레쉬테 우리만의 조직이지..

훼레쉬테 어퍼치... 여학생들로 된 어퍼치... 봐...

훼레쉬테 이건 우리 조직의 마크고... 네 생각은 어때?

로여 너 미쳤어!...

훼레쉬테 이런 식으로는 못 참겠다고. 뻔뻔한 놈들은 활보를 하며 하고 싶은 말 다 하고. 우린 아무 말도 못하고.
우린 우리 스스로 강해져야 돼. 유도도 배우고, 운동, 체력단련...

훼레쉬테 기분은 어때?

로여 네가 더 기분이 좋은 것 같은 데...

훼레쉬테 널 혼자 두고 가기는 싫지만, 기숙사에 가서 책 몇 권을 사촌에게 갖다줘야 돼. 어퍼치의 슬로건에 대해 생각해봐...

فصل ۱۶ / روز. سال ۱۳۵۹ / خارجی / مقابل خانه عموی فرشته

فرشته - به عموم هم سلام برسون... بگو اومدم نبودن...
پسر عمو - یه دستت درد نکنه ای، چیزی... کلی زحمت کشیدم...
فرشته - بابا منم اینقدر برات کتاب گیر آوردم...
پسر عمو - می گم بذار اینها باشه فردا با موتور دوستم برات می آرم...
فرشته - نه باید برم تو خوابگاه شام درست کنم...
پسر عمو - اقلا بذار تا ایستگاه اتوبوس برات بیارم...
فرشته - نه... آخه...
فرشته - خیلی خوب، بیا بریم...
پسر عمو - مامان من الان بر می گردم... بریم...

제16장 낮, 1359년 / 실외 / 훼레쉬테 작은 아버지 집

훼레쉬테 작은 아버지께 안부 전하고... 인사드리려고 왔는데 앓계셔서못 뵙고 간다고 전해...

사촌동생 고마워요. 수고만 하셨네요.

훼레쉬테 그만해 나도 이 정도 책들을 가져왔었는데 뭐.

사촌동생 그러니까. 여기 놓고 가요.
내일 내 친구 오토바이로 가져다줄게요.

훼레쉬테 아니야. 기숙사 가서 저녁도 해야해.

사촌동생 그럼 버스 정류장까지만 들어다 줄게요.

훼레쉬테 아니야.. 괜찮은데..

훼레쉬테 좋아, 가자...

사촌동생 엄마, 곧 올게요. 가요.

فصل ۱۷ / روز. سال ۱۳۵۹ / داخلی / بیمارستان

پدر - ای بر پدرت لعنت که این بلارو به سرم آوردی... آخه من به تو چی بگم... اینه تهرون اومدنت... اینه درس خوندن و دانشگاه رفتنت... همینو می خواستی... می خواستی بیچاره و بی ابروم کنی...

عمو - داداش تازه از راه رسیدی... بفرما بشین بعدا... غلط کرده... اشتباه کرده...

فرشته - آخه من که کاری نکردم...

پدر - خان داداش تو واسطه شدی... تو گفتی بذار بیاد تهرون درس بخونه... والا من ادمی نبودم که دختر به تهرون بفرستم... وگرنه من کجا و این بی ابرویی ها کجا؟ حیثیت برام نموند... کاش خبر مرگ خودش رو آورده بودن...

پدر - برو اون وسائل صاب مرده تو جمع کن بیار خونه عموت، برا فردا بلیط گرفتم... هر چی تا حالا درس خوندی و مهندس شدی بسه، نخواستیم این تاج های افتخارو...

پدر - دِبرو دیگه...

제17장 낮, 1359년 / 실내 / 병원

아버지 네 애비 얼굴에 먹칠을 하는구나 네가.. 내가 무슨 말하길 바라니...테헤란에 가겠다고 한 게 이거야... 공부하고 대학가겠다는 게 고작 이런 거란 말이냐? 이런걸 원했다는 거냐... 이렇게 창피하고 어처구니없게 만들어...

작은 아버지 형님, 방금 도착하셨는데... 우선 앉으시고. 그리고 나중에... 애가 잘못했다잖아요. 실수했다구요.

훼레쉬테 참 나... 난 아무 일도 안 했다니까요.

아버지 이봐, 동생... 중간에서 개입을 하더니... 테헤란에 와서 공부시키라고 네가 그랬지... 봐 난 딸을 테헤란에 보낼 그런 사람이 아니었다구. 만일 이런 일이 없었더라면... 나도 내 체면도... 내 체면은 바닥에 떨어졌어... 차라리 내 딸년이 죽었다는 소식이었으면 낫겠어.

아버지 짐 챙겨서 작은 아버지 집으로 가져와라. 내일 차표 끊어놨다... 지금까지 공부한 거 그리고 건축기사 되는 거 이제 그만 됐다 . 우리 그런 영화 원치 않았다.

아버지 어서 빨리 서둘러 가 짐싸라...

فصل ۱۸ / بعد از ظهر. سال ۱۳۵۹ / خارجی / مقابل درب خوابگاه. خیابان های تهران

مقابل درب خوابگاه

فرشته - این کل جریان بود... بابام گفته باید باهاش برگردم شهرستون...

رویا - باور کن شانس آوردی... برو تا آبها از آسیاب بیفته... بعد دانشگاه باز می شه بر می گردی می آی...

فرشته - نمی تونم بهت زنگ بزنم، می دونی که تلفن نداریم (فرشته با لحن مسخره)، تلفن منبع فساد است مخصوصا اگر آدم دختر و پسر جوون داشته باشد... ولی بهت نامه می دم...

رویا - حالا چیکارت می کنن؟

فرشته - هیچی بابا، یکی دو هفته فحشم می دن... به قول بابام قلم پامو خرد می کنن... بعدم دوباره همه چی عادی می شه...

رویا - دست پسر عموت چی؟

فرشته - انگشت هاش به هم چسبیده که خوشبختانه دکترا می گن با یک عمل دیگه درست می شه...

رویا - فکر می کنی بگیرنش؟...

فرشته - کی یو؟ اون دیوونه هه رو؟ نه بابا شهر به این درندشتی...فعلا که بابام براش یه پرونده مفصل درست کرده...

رویا - فرشته!

فرشته - ها...

رویا - دلم برات تنگ می شه...

فرشته - Me too

رویا - اونجارو...

فرشته - چی می خوای؟!

حسن - کجا داری می ری؟

فرشته - می رم به درک...

 제 18장   오후, 1359년 / 실외 / 기숙사 정문 앞, 테헤란 거리

기숙사 문 앞

훼레쉬테   이게 그 동안에 일어난 일들이야…
        아버지는 고향으로 같이 돌아가야 한다고 했어.
로여   운 좋은 줄 알아… 안정될 때까지 가 있어 학교가 다시 열리면 그때 와.
훼레쉬테   너한테 전화할 수 없어. 우리 집에 전화 없는 거 알지?
        (놀리는 말투로) 전화는 타락의 원천이래… 특히 청춘남녀에게는…
        하지만 편지는 쓸게.
로여   그럼, 난 널 위해 뭘 하지?
훼레쉬테   아무 것도… 한두 주 욕 먹구. 아버지 말대로 연필을 부러뜨리고 나면, 다시 모든 게 일상으로 돌아올거야.
로여   사촌동생 손은 좀 어때?
훼레쉬테   손가락이 서로 붙었대. 의사선생님이 말씀하시는데, 다행히도 한 번 더 수술 받으면 괜찮아진대.
로여   그 사람 잡힐거라 생각하지?
훼레쉬테   누구를? 그 미친놈을? 아니… 이 넓은 테헤란 한 복판에서?
        현재로선 아버지가 소송을 걸어두셨어.
로여   훼레쉬테!
훼레쉬테   어…
로여   보고 싶을 거야.
훼레쉬테   Me too.
로여   저기…
훼레쉬테   뭘 원해?
하산   어디 가는 거야?
훼레쉬테   간다… 지옥…
하산   어디 가는 거냐고?
훼레쉬테   뻔뻔스런 것아,
        내 사촌동생한테 그렇게 해놓고는 이제 속시원해?
하산   사촌동생인 줄 몰랐는데. 남자친구인 줄 알았다구.
훼레쉬테   남자친구면… 너랑 무슨 상관이지? 남의 일에 왜 간섭이야?
하산   너랑 결혼하고 싶어. 너한테 빠졌다구.
훼레쉬테   너나 빠져… 가… 날 상관말고…

حسن - کجا داری می ری؟
فرشته - بچه پررو زدی پسر عمومو بدبخت کردی راضی شدی؟
حسن - نمی دونستم پسر عموته، فکر کردم دوستته...
فرشته - گیرم دوستم باشه... تو چی کاره ای؟ کلانتر محله ای؟ آخه به تو چه ؟
حسن - می خوام بگیرمت... خاطر خوات شدم...
فرشته - خوش به حال بابام... برو... برو دست از سر من بردار...
حسن - گفتم می خوام بگیرمت...
فرشته - نگو از خوشحالی پس می افتم...
حسن - مسخره ام می کنی؟
فرشته - برو خدا روزیتو جای دیگه حواله کنه...
حسن - گفتم کجا داری می ری؟
فرشته - می رم جهنم... از دست تو می خوام برم جهنم...
حسن - ببین اونجا هم پیدات می کنم...
فرشته - غلط می کنی...
راننده - خانم آخریش بود...
فرشته - دست شما درد نکنه...

فرشته - برو تو خوابگاه یه تاکسی بگیر، این پسره اعتبار نداره، خطرناکه...
رویا - می خوای به کلانتری خبر بدم؟...
فرشته - نه، فایده نداره... می ترسم بدتر آبروریزی بشه...
رویا - من نگرانتم...
فرشته - نگران نباس من خودم یه پا آپاچیم... رسیدم بهت زنگ می زنم...
حسن - کجا می خوای بری؟
فرشته - آقا سوار شو...
راننده - خانم مزاحمه...
فرشته - بعله مزاحمه...

خیابان ها

하산	너랑 결혼하고 싶다고 말했잖아...
훼레쉬테	닥쳐. 너무 기뻐서 뒤로 나자빠지겠군...
하산	날 놀리는 거야?
훼레쉬테	가 제발. 부탁이야. 다른데 가서 알아봐.
하산	어디 가는거냐고 물었잖아...
훼레쉬테	지옥에 간다고... 네 손을 떠나... 지옥으로...
하산	이봐, 거기서도 널 찾을꺼라구...
훼레쉬테	잘못하고 있는 거야...
운전기사	아가씨. 이게 마지막이었어요.
훼레쉬테	고마워요.
훼레쉬테	기숙사로 가서 택시 불러서 타고 가. 이 남자 무슨 짓을 할지 몰라. 위험해...
로여	경찰에 알릴까?
훼레쉬테	아니, 소용없어... 더 창피당할까봐 두려워...
로여	난 네가 걱정돼.
훼레쉬테	걱정하지 말고, 나 어퍼치 회원이잖아. 도착해서 전화할게.
하산	어딜 가려는 거야?
훼레쉬테	아저씨 타세요.
운전기사	아가씰, 괴롭히는 사람인가요?
훼레쉬테	네. 못살게 구네요.

거리

훼레쉬테	어딜 따라 오는 거야?
하산	이봐, 네가 사라져도 끝까지 찾아 낼꺼야.
훼레쉬테	잘못하고 있는 거야.
운전기사	막아 버릴까요?
훼레쉬테	아니에요. 아저씨(하산을 쳐다본다), 지금 작은 아버지 집으로 가는데, 너 그 동네에 다시 발을 들여놓을 수 있을 것 같아?
하산	애를 써도 넌 나한테서 못 떠나... 어느 누구도 나한테 '안돼' 라고 말 못해.
운전기사	내가 올바른 '네' 를 말해 주지.
하산	그건 결혼식 때 당신 아내한테나 했어야 하는 거지...
훼레쉬테	이 쪽 길로 돌리세요...

فرشته - کجا داری می آی؟

حسن - ببین اگه آب بشی بری زیر زمین، پیدات می کنم...

فرشته - غلط می کنی...

راننده - حالشو بگیرم؟...

فرشته - نه آقا (رو به حسن می کند) دارم می رم خونه عموم جرأت داری پا تو بذار تو محلشون، تا حالیت کنن...

حسن - خیالت جمع از دست من نمی تونی در بری... هیچ کی به من نه نمی تونه بگه...

راننده - خودم یه بعله حسابی بهت می گم...

حسن - این تعله رو باید سر عقدت می گفتی...

فرشته - بپیچین تو این خیابون...

فصل ۱۹ / روز. سال ۱۳۵۹ / خارجی / کوچه مقابل درب خانه پدر فرشته. خیابان های شهر اصفهان

کوچه مقابل درب خانه پدر فرشته
مادر - مادرجون مراقب باش... رستمه و همین یه دست اسلحه...
فرشته - باشه مادر جون... پس سبزی آش و سبزی قرمه سبزی و سبزی خوردن...
مادر - زود بر می گردی؟
فرشته - تا یه مقدار کتاب و مجله بخرم یک ساعتی طول می کشه... خداحافظ...

제19장 낮, 1359년 / 실외 / 훼레쉬테의 고향집 대문 앞

에스파헌 시내

고향집 대문 앞 골목

어머니	얘야, 조심해라. 사람이란 한 가지 재주밖에 없는 법이란다.
훼레쉬테	알았어요 엄마. 국이랑 고르메싸브지 만들 야채랑 그냥 먹을야채 조금 사오면 되지요?
어머니	빨리 올꺼지?
훼레쉬테	책이랑 잡지 몇 권 사면 한 시간 정도 걸릴꺼예요. 다녀올게요...

فصل ۲۰ / روز. سال ۱۳۵۹ / داخلی / کیوسک تلفن. خانه رویا(پارالل)

فرشته - خلاصه این که به خیر گذشت، اما این جا دارن پدرمو در می آرن... شهرستونه دیگه... همین جور خواستگار پشت خواستگار... اگه بدونی چه کشته مرده هایی دارم... یکی شون تا حالا ۳ بار فرستاده خواستگاری...

رویا - مثل این که بدتم نمی آد شوهر کنی...

فرشته - نه بابا... دارم سعی می کنم یه کار خوب پیدا کنم... فعلا می رم کلاس خیاطی تا ببینم چی می شه... اگه بدونی چی یا می دوزم... متد هم هست ها...

رویا - خوش بحال من...

فرشته - خب، تو بگو چه خبر؟... تو روزنامه ها یه چیزهایی می خونم... نمی دونی چقدر دلم می خواست اونجا باشم...

رویا - هیچی بابا هر روز در گیری... سه روز تمام بچه های گروههای مختلف زنجیر بسته بودند ولی همه چیز تموم شد... از دیروز رسما دانشگاه تعطیل شد... باور کن به نفع تو شد...نمی دونی چقدر از این که حسن ردتو گم کرده خوشحالم... خیلی نگران بودم...

فرشته - آره خوشبختا...ن...ه...

فرشته - رویا باورت نمی شه!

رویا - چی رو؟

فرشته - روبروم وایستاده...

رویا - کی؟

فرشته - همون... همون دیوونه هه...

رویا - دست وردار... غیر ممکنه...

فرشته - روبروم وایستاده داره بروبر منو نیگا می کنه...

رویا - حالا چی کار می کنی؟...

فرشته - ببین خداحافظ بهت زنگ می زنم...

 제20장 낮, 1359년 / 실내 / 전화부스 / 로여의 집

훼레쉬테	어쨌든 아무 일없이 잘 지내. 근데, 여기 너무 따분해... 시골이잖아... 청혼하는 사람들은 줄을 섰구. 어떤 사람은 세 번이나 청혼하려고 보냈었다니까.
로여	결혼하는 게 싫지는 않은 모양인데...
훼레쉬테	뭐라고, 아니야. 난 좋은 일자리를 구하려고 애쓰고 있다고. 지금은 양재를 배우러 다녀. 어디 보자 뭘 만들고 있는지...
로여	잘 해봐...
훼레쉬테	그건 그렇고. 이젠 네가 말해봐. 어떻게 지내는지. 신문 읽고 있는데, 얼마나 가고 싶어하는지 모를거야.
로여	됐네요. 매일 체포되는 일 뿐이야. 삼일동안 여러 조직의 학생들이 연이어 체포되었어. 근데 이제 모든 게 끝났어. 어제부터 공식적으로는 휴교령이 내려졌지. 너한테 잘 된 거야. 그 사람도 이제 안보여. 다행이야. 네 걱정 많이 했었는데...
훼레쉬테	그래... 다행...이...야...
훼레쉬테	로여, 너, 못 믿을 거야!
로여	뭘?
훼레쉬테	내 앞에 와 있어...
로여	누가?
훼레쉬테	그 남자... 그 미친 사람 말야.
로여	그만 해. 불가능한 일이야...
훼레쉬테	내 앞에서 나를 뚫어지게 쳐다보고 있어.
로여	이제 어떻게 할거야?
훼레쉬테	로여... 우선 끊자. 다시 전화할게.
로여	안녕, 조심해...
훼레쉬테	안녕...

رویا - خدا حافظ... مواظب خودت باش...
فرشته - خداحافظ...

فصل ۲۱ / روز. سال ۱۳۵۹ / خارجی / مقابل درب خانه فرشته در اصفهان

احمد - ببینید خانم، اسم شما همیشه تو خونه ما دعوا راه می اندازه...

صدای رویا - من! آخه چرا؟

احمد - خب من علاقه ندارم فرشته یاد خاطرات گذشته ش بیفته... حضور شما همیشه...

صدای رویا - خاطره چیه آقا! دانشگاه باز شده، فرشته برنگشته... برید کنار خواهش می کنم... برید کنار می خوام ببینمش... می خوام بیام تو...

احمد - خانوم... اون دیگه نمی خواد درس بخونه... نمی خواد شمارو ببینه... من چطوری به شما بگم، اون زندگی خوبی داریم، خواهش می کنم خرابش نکنین... اگه اونو واقعا دوست دارین، دیگه پاتونو این جا نذارید ... برید خانم، نه بهش تلفن کنید، نه نامه بنویسید، برید....

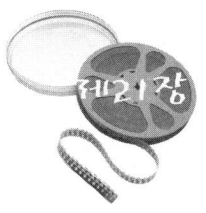

제21장 낮, 1362년/ 실외 / 에스파한의 훼레쉬테 고향집 문 앞

아호마드 이것 보세요. 댁 이름만 나오면 우리 부부는 늘 싸우게 돼요.

로여의 목소리 저요! 아니 왜요?

아호마드 좋아요. 난 훼레쉬테에게 과거를 떠올리게 하고 싶지 않아요. 댁이 나타나면 항상...

로여의 목소리 대체 이유가 뭐죠? 휴교령이 끝나고 개강이 되었는데, 훼레쉬테는 돌아오지 않았어요. 제발 비켜 주세요. 옆으로 비키시라구요. 전 훼레쉬테가 보고 싶어요. 안으로 들어 가고 싶다구요.

아호마드 이것 보세요. 집사람은 더 이상 공부를 하고 싶어하지 않아요. 더 이상 당신을 보고 싶어하지도 않고요. 어떻게 말해야 할지... 집사람의 인생은 많이 달라졌다구요. 애도 있고... 우리는 행복하게 살고 있어요. 부탁인데 제발 우리 삶을 망치지 말아줘요. 진짜로 집사람을 생각한다면 다시는 여기 오지 마세요. 가 보세요. 전화도 걸지 말고, 편지도 쓰지 마요. 가세요...

فصل ۲۲ / غروب / داخلی / راهرویی در بیمارستان قلب

فرشته - رویا! رویا!
رویا - فرشته!
رویا - بچه هاتن؟
فرشته - آره... این علیه... اونم محمد...
فرشته - دیدیش؟
رویا - آره... دیدمش... چکار می تونم برات بکنم؟
فرشته - دکتراش می گن، چند تا متخصص و دکتر از بیرون بیمارستان بیان ببیننش...فکر کردم فقط تو می تونی کمکم کنی...
رویا - حتما، حتما، الان ترتیبش رو می دم... من کلی دوست و آشنا دارم، تو نگران نباش...
رویا - فرشته... عزیزم... عزیز دلم...

 제22장 해질 녘 / 실내 / 심장전문병원의 복도

훼레쉬테	로여? 로여!
로여	훼레쉬테!
로여	네 애들이야?
훼레쉬테	응. 앤 알리고, 앤 모하마드야.
훼레쉬테	남편을 봤니?
로여	응, 보고 왔어. 내가 널 위해 뭘 할 수 있니?
훼레쉬테	의사선생님께서 하시는 말씀이 전문가들과 다른 병원 의사들이 남편의 상태를 봐야한대. 너만이 나를 도와줄 수 있을 것 같았어.
로여	그래. 맞아. 할 수 있고 말고. 약속해. 아는 사람이 많이 있으니까 걱정하지마.
로여	훼레쉬테... 내 사랑하는 친구.

فصل ۲۳ / شب / داخلی / اتاق مشاوره پزشکی

دکتر ۱ - همان طور که می دونین عضله قلب آسیب دیده و از کار افتاده و به همین دلیل اغلب اعضای بدن صدمه جدی خوردن...

دکتر ۲ - البته ما سعی خودمونو می کنیم، ولی یه معجزه لازمه...

دکتر ۳ - با توجه به فرمایشات همکارانم، پیشنهار می کنم شما دوستتون رو برای قبول واقعیت آماده کنین...

فصل ۲۴ / شب / داخلی / راهروی بیمارستان

فرشته - آقای دکتر نتیجه چی شد؟

دکتر - خانم شمارو تو جریان قرار می دن... شب بخیر...

فرشته - رویا تو حساب کن...

رویا - تو نگران این چیزها نباش، بذار تو کیفت... اگه بدنش مقاومت کنه هنوز امیدی هست...

فرشته - خدارو شکر...

رویا - دراه بیفت بریم...

فرشته - نه، من همین جا می مونم...

رویا - نمی شه، هیچ فرقی نمی کنه...

فرشته - نه... آخه تو نمی دونی...

رویا - چرا می دونم... بیا بریم خونه ما، هم خودت و هم بچه هات یه استراحتی بکنن فردا دوباره بر می گردیم... راه بیفت بریم...

제23장 밤 / 실내 / 의사 회의실

의사 1 아시다시피 심장조직이 파괴됐어요. 그래서 신체기관의 여러 곳도 같이 손상이 되었습니다.
의사 2 물론 저희들도 노력을 할겁니다. 그러나 기적이 필요해요.
의사 3 동료 의사들의 의견에 주목해볼 때, 친구 분이 최악의 상황에 대비할 수 있도록 도와주는 것이 좋을 것 같습니다.

제24장 밤 / 실내 / 병원 복도

훼레쉬테 의사 선생님, 결과는 어떻게 났나요?
의사 부인, 친구 분께 설명해 주세요. 그럼... 안녕히...
훼레쉬테 로여, 치료비로 얼마 지불했어...
로여 그런 건 걱정하지마. 지갑에 넣어둬.
몸만 잘 버텨주면 아직 희망이 있대...
훼레쉬테 오. 신이여 감사합니다.
로여 가자...
훼레쉬테 아니. 난 그냥 여기 있을게.
로여 안 돼. 여기 있는다고 달라질 건 아무 것도 없어.
훼레쉬테 아니야. 넌 몰라...
로여 왜, 알지... 가자 우리 집으로. 너도 그리고 네 애들도 좀 쉬고. 내일 다시 오자. 응? 어서 가자.

فصل ۲۵ / شب / خارجی. داخلی / اتومبیل دویا در خیابان ها

فرشته - شوهرت ناراحت نمی شه تا این وقت شب بیرون موندی؟

رویا - نه می دونه با توام...

رویا - اگه گفتی کیه؟

فرشته - کیه؟...

رویا - آقای موشکیان...

فرشته - نه؟!...

رویا - آره... یادته چقدر ازش خوشم اومده بود؟

فرشته - آره... معلومه که یادمه...

رویا - درسم که تموم شد، رفتم تو یه شرکت استخدام بشم، دیدم رئیس شرکته... بدون چون و چرا استخدامم کرد...

فرشته - پس منو می شناسه، نه؟

رویا - معلومه که می شناسه... اسم تورو گذاشته آپاچی موشک انداز...

فرشته - خوبه؟... اخلاقشو می گم...

رویا - خیلی... یعنی خیلی با هم دوستیم...

فرشته - چه خوب...

رویا - خب از خودت بگو چی کارا می کنی؟...

فرشته - انقدر فکرم شلوغه که اصلا نمی دونم به چی فکر کنم... تو بپرس من بگم...

رویا - چرا جواب نامه ها مو ندادی؟... چرا نمی خواستی منو ببینی؟

فرشته - هیچ کدام به دستم نمی رسید... همه فکر می کردند این جوری برای من بهتره...

رویا - می دونی چند بار برای دیدنت اومدم؟...

فرشته - فکر می کردم همه فراموشم کردن، حتی تو...

رویا - بعد از این همه سال... شوهرت... بچه هات...

 **제25장** 밤/실외, 실내/도로, 로여의 차

훼레쉬테	이 시간까지 밖에 있어도 네 남편이 뭐라고 안 하니?
로여	아니. 너랑 있는 거 알거든.
로여	누군지 알아?
훼레쉬테	누군데?
로여	무샤키연...
훼레쉬테	설마?!
로여	그래... 내가 그 사람 얼마나 좋아했었는지 기억나?
훼레쉬테	그럼.. 그걸 말이라고 하니.
로여	졸업하고 취직 때문에 어떤 회사에 갔었어. 그런데 그 사람이 그 회사 사장이지 뭐니... 따지지 않고 그는 날 입사시켰고...
훼레쉬테	그럼 날 알겠네... 맞아?
로여	당연히 알지. 너를 못 말리는 어퍼치라고 불렀었다니깐...
훼레쉬테	좋아?... 그 사람 성격 말야.
로여	그럼... 그러니깐 내 말은 나랑 아주 잘 통해.
훼레쉬테	좋겠다...
로여	자, 이제 네 얘기 좀 해봐. 뭐하면서 지내니?
훼레쉬테	머리가 너무 복잡해서 내가 무슨 생각을 하고 있는지조차 나도 잘 모르겠어. 네가 궁금한 걸 물어봐. 그럼 내가 말해 줄게.
로여	왜 내 편지에 답장 안 했었니? 왜 날 안 만나줬던 거야?
훼레쉬테	난 아무것도 받은 게 없는데... 아마 다들 그게 나를 위하는 길이라고 생각했나봐..
로여	내가 널 보러 몇 번이나 갔었는지 알아?
훼레쉬테	난 모두들 날 잊어버렸다고 생각했었어. 심지어 너마저도...
로여	이렇게 많은 세월이 흘러... 네 남편... 아이들...

فصل ۲۶ / روز. سال ۱۳۵۹ / خارجی / ادامه فصل ۲۱

حسن - نیگر دار... دیدی پیدات کردم...
فرشته - (با خود) خدایا یک کلانتری... یک کلانتری...
فرشته - چی کار می کنی دیوونه... مگه مریضی؟
حسن - به تو می گم نگه دار... نگه دار کارت دارم...

فصل ۲۷ / شب. سال ۱۳۵۹ / داخلی / راهروی یک کلانتری در اصفهان

پدر - آبرومون رفت... همینم مونده بود که پای دخترم به زندان باز بشه...
فرشته - نگرم می دارن؟...
پدر - مثل این که حالیت نست... زدی دو تا پای یک بچه رو شکوندی...
پاسبان - جناب سروان احضار تون کرده...

فصل ۲۸ / شب. سال ۱۳۵۹ / داخلی / اتاق افسر کلانتری

افسر - برای دخترتون قرار صادر شده، یه سند خونه بیارین تا تشکیل دادگاه آزاد باشه...
پدر - جناب سروان، من کارمندم... خونه ام کجا بود؟ تازه، دختر من گناهی نداره...
فرشته - جناب سروان، من شاکیم... متهم که نیستم...
افسر - به هر حال یکی از پسر بچه هارو شما زیر کردین...
فرشته - حالش چطوره؟...
افسر - پسری که شما زیر کردین حالش خوبه، متاسفانه اون یکی پسر فوت کرده...

제26장 낮. 1359년/ 실외 / 제20장에 이어서..

하산 차 세워... 거봐... 내가 뭐랬어... 널 찾아냈지...

훼레쉬테 (혼잣말로) 제발... 경찰서... 경찰서가 있기를...

훼레쉬테 도대체 뭐 하는 거야? 당신 어디 아파?

하산 차 세우라고 했잖아... 할말 있으니깐 차 세워.

제27장 밤. 1359년/ 실내/ 에스파헌의 한 경찰서 복도

아버지 망신살이 뻗혔어... 내 딸이 감옥에 갈 일만 남았다구...

훼레쉬테 여기 계속 있어야 되나요?

아버지 아직도 모르겠니? 넌 아이를 쳐서 다리를 부러뜨려 놓았다구...

경찰 서장님께서 부르십니다.

제28장 밤. 1359년/ 실내/ 경찰서장실

경찰서장 집문서를 가져오시면 따님은 우선 형무소 신세를 면하고, 재판기일까지 집에 돌아가 계실 수 있습니다.

아버지 서장님, 저는 일개 고용인일 뿐입니다. 제가 집이 어디 있겠습니까? 게다가 제 딸도 죄가 없다구요...

훼레쉬테 서장님, 저도 서장님 말씀을 받아들일 수가 없군요. 전 피고인이 아니라구요.

경찰서장 어쨌건 간에 한 아이를 당신이 차로 치었잖아요.

훼레쉬테 그 아이는 지금 어떤가요?

경찰서장 당신이 친 아이는 그런 대로 괜찮지만, 유감스럽게도 다른 아이는 죽었어요.

فصل ۲۹ / روز. سال ۱۳۵۹ / داخلی / داخل سلول و اتاق افسر کلانتری

داخل سلول

زن - پاشو برو انور، پام خواب رفته می خوام درازش کنم... دانشجوام دانشجوام... معلوم نیست اون بیرون چه غلطی کرده، حالا می گه من دانشجوام... فکر می کنه ما خریم...

پاسبان - فرشته نام آور... فرزند محمود...

فصل ۳۰ / شب. سال ۱۳۵۹ / خارجی / حیاط خانه پدری فرشته

پدر - آخه من از دست تو چه خاکی به سرم کنم؟ خوار و ذلیلم کردی... بی آبروم کردی... باعث شدی پیش هر کس و ناکسی گردن کج کنم... چه بلاها که سرم نیاوردی... ای بشکنه این دست که اون ورقه دانشگاهو امضاء کرد... چه غلطی کردم، چه اشتباهی... حالا باید یه عمرتاوان پس بدم... یکی نیست بگه آخه مرد حسابی دختر دانشگاه فرستادنت برای چی بود...

مادر - داد نزن آبرومون رفت...

پدر - آبرو؟!... کدوم آبرو؟! مگه آبرویی هم برامون مونده؟... دختر من، نوه میرزا علی خان یه روز تو دادگاهه، یه روز تو کلانتری... دیگه چه آبرویی؟!

فاطمه - بابا مگه چی کار کرده؟

پدر - چی کار کرده؟ چی کار کرده؟ الان حالیتون می کنم که چی کار کرده...

مادر - تورو ارواح خاک پدرت ولشون کن...

پدر - من امشب هر دوی اینارو می کشم... پسر بابام نیستم اگه امشب دوتا جنازه از این در نفرستم بیرون...

مادر - تو رو ارواح خاک مادرت ولشون کن... تورو خدا

پدر - از شکم خودت و بچه ها ببر، بده خانم بره دانشگاه، درس بخونه، باعث

제29장 낮. 1359년/ 실내/ 유치장과 경찰서장실

유치장안

여자   일어나 저 쪽으로 가. 발에 쥐가 나서 다리 좀 뻗어야겠어. 대학생... 대학생이라고? 흥, 밖에서는 무슨 짓을 하고 다니는 지도 모르고... 주제에 대학생이라고? 우리가 바본 줄 알아?

경찰   훼레쉬테 넘어바르!... 마흐무드의 딸.

제30장 밤. 1359년/ 실외/ 훼레쉬테의 집 마당

아버지   이런... 니가 나를 이 꼴로 만들어놨어! 이 애비 얼굴에 먹칠을 하다니... 넌 애비 체면을 땅에 떨어 뜨려놨어! 내가 이제 어떻게 얼굴을 들고 다니겠어! 에이, 저런 걸 대학에 보낸다고 서명을 해 준 이 팔을 부러뜨려 버리던지... 도대체 내가 뭘 잘못했길래, 무슨 실수람... 이제 내 한평생 이 보상금만 갚다가 끝나겠군... 딸을 대학에 보낸 이유가 뭐였냐고 수군거릴게 하나가 아닐게야...

어머니   소리 지르지 마세요! 부끄럽지도 않으세요?

아버지   부끄러워? 뭐가 부끄러워? 더 이상 부끄러울 게 남아 있단 말야? 내 딸 미르자 알리컨의 손녀가 하루는 법원, 하루는 경찰서로 드나들었어! 이런 판국에 이제 더 부끄러울 게 어디 있어!

훠테메   아버지, 도대체 언니가 뭘 그렇게 잘못한 거예요?

아버지   니 언니가 뭘 잘못했냐고? 무슨 짓을 했냐고? 내가 당장 니 언니가 무슨 짓을 했는지 가르쳐주마.

어머니   제발 내버려둬요.

아버지   오늘밤 둘 다 죽여버리겠어... 오늘밤 이렇게 하지 않으면 우리 아버지 아들이 아니야.

어머니   제발 그만 내버려워 둬요! 제발...

سر بلندیت بشه... اونوقت خبر برات بیارن که دخترت بی آبرویی کرده...

فرشته - بی آبرویی؟! کدوم بی آبرویی؟! آخه من چی کار کردم که باعث سرافکندگی شما شدم؟! هر چی پول برای من فرستادین که یه چیزی هم گذاشتم روش فرستادم برای مامان... چرا حرف حساب سرتون نمی شه... بابا یه بی پدری مزاحم من شده آخه من چه گناهی کردم...

پدر - ببر اون صدای نحستو... واسه من دم در آورده...

فرشته - نمی برم... می خوام حرف بزنم... اصلا حرف حسابتون چیه؟ چی می خواین از جون من...

فرشته - اصلا دیگه گریه هم نمی کنم... نمی خوام گریه کنم... بسه دیگه چقدر منو توهین و تحقیر کردین... عوض این که پشتم وایستین، دست وپای منو می شکنین... غرور منو خدشه دار می کنین... بابا منم آدمم، آدم...

پدر - آدم نیستی، ولی من آدمت می کنم...

پدر - فرید! بدو برو اون قفلو بیار...

아버지	당신은... 우리 입을 거 못 입고, 먹을 거 못 먹어가면서 대학 보내서 훌륭한 인물을 만들어 보겠다더니... 이게 뭐야... 이제 와서 집안 망신이나 시키고...
훼레쉬테	집안 망신이요? 집안 망신이라뇨? 도대체 제가 무슨 짓을 했다고 집안 망신이라고 그러시는 거예요? 제가 공부한답시고 집안의 돈을 축냈나요? 전 오히려 아버지가 주신 돈에 제가 번 돈을 보태서 다시 어머니께 보내 드렸다구요! 아버지 어떻게 그런 말씀을 하세요? 어떤 애비없는 녀석이 이러는데... 전 잘못이 없다구요!
아버지	그런 소리 집어치워! 이젠 아주 니 멋대로구나!
훼레쉬테	아니오. 얘기하겠어요. 도대체 아버지가 하시고 싶은 말씀이 뭐예요? 도대체 저한테 뭘 어쩌란 거예요?
훼레쉬테	이제 절대로 울지 않겠어요... 이제 울고 싶지도 않다구요. 절 욕하시는 것도 못견디겠어요. 아버지는 항상 절 보호해주시기는 커녕 절 불구덩이 속으로 밀어 넣으셨다구요. 제 마지막 남은 자존심까지 완전히 짓밟으셨어요! 아버지... 저도 인간이에요. 저도 인간이라구요!
아버지	넌 사람이 아냐! 내가 널 사람으로 만들어주마...
아버지	화리드! 어서 가서 자물쇠 좀 가져와라!

فصل ۳۱ / روز. سال ۱۳۵۹ / داخلی / دادگاه

حاکم شرع - آخرین دفاع خودتون رو بفرمائین...

حسن - نمی دونم چی شد که این جوری شد... روز اول که دیدمش، بهترین فکرهارو داشتم، می خواستم اهل بشم، سایه سرش بشم... می خوستم مردش بشم... اما از همون روز اول اذیت شدم... از همه چی بدم اومد... داغونم کرد حاج آقا... شب و روز برام نذاشت... حاج آقا چه طوری بگم از وقتی دیدمش دلم مثل یک کفتر تو سینه ام پرپر می زد...

حاکم شرع - برید سر اصل مطلب...

حسن - د اصل مطلب همینه حاج آقا... من... من...

حسن - من خاطرخواه بودم حاج آقا... هنوزم هستم... خاطرخواهی که گناه نیست... هست؟

مادر - آقای قاضی قصاصش کنید... این کثافتو باید قصاص کنید...

حاکم شرع - خودتونو کنترل کنید... این جا محکمه ست...

قاضی - ادامه بدین...

حسن - حاج آقا من که نمی خواستم بچه اینارو زیر کنم...

حسن - به علی نمی خوستم... به مولا نمی خواستم... اون منو تحریک می کرد بابا حالمو می گرفت... هم دوستش داشتم هم ازش نه شنیده بودم... فقط می خواستم بهش بگم منن از اون گنده ترم...

حسن - همین!... دیگه حرفی ندارم...

حاکم شرع - به حکم دادگاه انقلاب اسلامی متهم ردیف دوم خانم فرشته نام آور فرزند محمود به دلیل شکستن غیر عمد پاهای یک کودک و نقض قوانین رانندگی گناهکار شناخته شده و با پرداخت دیه قانونی و جلب رضایت اولیای دم می تواند آزادگردد... و متهم ردیف اول آقای حسن نجفی به دلیل جرائم مختلف از جمله اسید پاشی، مزاحمت برای نوامیس مردم و قتل غیر عمد یک

제31장 낮. 1359년/ 실내/ 법원

판사 마지막으로 자신에 대한 변호를 해 보십시요.

하산 도대체 이게 어찌된 일인지 통 모르겠습니다. 처음 그녀를 보던 날 저는 꿈에 부풀었습니다. 그녀와 친해지고 싶었고, 그녀의 그림자가 되어주고 싶었습니다. 그녀와 결혼하고 싶은 마음이었습니다... 하지만 그 날부터 저는 힘들어지기 시작했습니다. 세상 모든 것들이 다 싫어졌습니다. 재판장님, 그녀가 절 이렇게 만들었어요! 재판장님, 어떻게 말씀드려야 할까요, 그녀를 보는 순간부터 제 심장에 한 마리 비둘기가 있는 것처럼 떨렸어요...

판사 그만하십시오. 본론을 말씀하세요.

하산 재판장님, 이게 본론이라구요. 저는... 저는...

하산 저는 그녀를 진심으로 사랑했다구요. 지금도 사랑하구요. 재판장님, 사랑은 죄가 아니지 않습니까? 그런가요?

죽은 아이의 어머니 재판장님 판결을 내려주세요. 저런 더러운 놈은 벌을 받아야 한다요!

판사 진정하세요. 이곳은 법정입니다.

판사 계속하시요.

하산 재판장님, 전 아이를 죽일 마음은 눈꼽만큼도 없었습니다...

하산 알리[6]의 이름을 걸고 맹세합니다. 전 절대 그럴 마음이 없었습니다. 그녀가 절 흥분시킨 거예요... 전 그녀를 사랑했고, 그렇다고 딱지를 맞은 것도 아니었어요. 전 단지 제가 얼마나 대단한 사람인지를 보여주고 싶었을 뿐이라구요...

하산 이게 전붑니다! 더 이상 할 말 없습니다.

판사 본 법정은 이슬람 공화국 헌법에 따라, 교통법 위반혐의 및 상해로 구속된 제 2 피고인 마흐무드의 딸, 훼레쉬테 넘어바르 양에게 피해 아동의 보호자와 원만하게 합의가 이루어진 점등을 참작하여 무죄를 선고합니다. 인체에 염산으로 상해를 가한 혐의 및 규정 불이행, 7세 아동 상해치사죄로 구속된 제 1 피고인 하산 나자피에 대하여는 13년형을 선고합니다.

(6) 제 1대 이맘

کودک ۸ ساله، گناهکار شناخته شده، به پرداخت دیه قانونی به اولیای دم و سیزده سال زندان محکوم می گردد....

حسن - نه... من بی گناهم... من گناهکار نیستم... می کشمتون... بر می گردم... می کشمتون... بر می گردم... بر می گردم همتونو می کشم...

احمد - رضایتو براتون گرفتم... دیه رم همین امروز می پردازم... شما می تونین امروز برید خونه... خدارو شکر شما برنده شدید....

فرشته - برنده؟!

하산 아니야... 난 죄가 없다구! 난 죄지은게 없다구. 너힐 죽여버리겠어! 꼭 돌아와서... 널 죽여 버릴 거야... 반드시 돌아와서 전부 다 죽여 버린다구...

아흐마드 당신을 위해서 제가 피해 아이의 부모와 합의를 했습니다... 합의금[7]도 오늘 지불할 예정입니다. 그러니 오늘 집에 돌아갈 수 있습니다. 신께 감사 드려야겠군요. 당신이 승소를 하다니.

훼레쉬테 승소라구요?!

(7) 여기서는 상해치사합의금을 의미함.

فصل ۳۲ / شب. سال ۱۳۵۹ / خارجی / حیاط خانه فرشته

فرشته - بابا شماها دیوونه این... مگه عقلمو از دست دادم که زن اون بشم!
مادر - آخه مادرجون سیزده سال دیگه اون دیوونه بر می گرده و حسابتو می رسه چرا نمی فهمی؟...
فرشته - مادر تا سیزده سال دیگه کی مرده و کی زنده! تا اون موقع می رم خودمو گم و گور می کنم...
مادر - آخه بابات قول داده...
فرشته - مادر جون! عهد دقیانوس نیست که! برا خودش قول داده...
مادر - اقلا بذا بیان خواستگاری...
فرشته - مادر دست از سرم بردارین... سه دفعه بهشون گفتم نه... پول دیه شونم کار می کنم پستشون می دم... دیگه حرفی داری؟
مادر - مادرجون! تو حالا انگشت نمای شهری... احمد آقا با این کارش آبروی تورو می خره... حالا به گردن بابات حق داره، نمی تونیم که درو بروشون باز نکنیم، می تونیم؟
فرشته - درو باز کنین تا من خودم جوابشونو بدم...

제32장 밤. 1359년/실외/훼레쉬테의 집 마당

훼레쉬테 아버지… 제 정신이세요? 제가 미쳤어요? 그 사람이랑 결혼을 하게…!

어머니 얘야, 그 미친놈이 13년 후면 돌아와서 복수를 한다잖니… 아직도 모르겠어, 얘야…

훼레쉬테 엄마, 13년 후의 일은 아무도 모르는 거예요! 그 이전에 제가 사라져버리면 되잖아요!

어머니 어쩌니… 니 아버지가 이미 그렇게 약속을 하셨는걸…

훼레쉬테 엄마! 정식으로 한 약속도 아니잖아요… 그 사람 혼자 한 약속이라구요…

어머니 적어도 청혼하러 오는 것은 놔두렴…

훼레쉬테 엄마… 제발 저 좀 내버려두세요… 제가 세 번이나 싫다고 했잖아요… 합의금은 제가 일해서 꼭 갚을게요… 다른 말은 없죠?

어머니 얘야! 벌써 너에 대한 소문이 동네에 쫙 퍼졌어… 아흐마드씨가 네 체면을 세워 준거지… 그 사람이 우리 집안을 구한거야… 그런데 우리가 무슨 염치로 그 사람을 안 받아들이겠다고 하겠니…

훼레쉬테 좋아요. 그럼 오라고 하세요. 제가 직접 그 사람에게 답하겠어요.

فصل ۳۳ / روز. سال ۱۳۵۹ / داخلی / اتاق پذیرایی خانه فرشته

پدر فرشته - فرشته جان بابا پاشو شیرینی بگیر...

پدر احمد - مبارکه!...

فرشته - چی مبارکه؟!...

فرشته - ببینید خانم... منی دونم شما هم مثل من با این وصلت موافق نیستین و به خاطر پسرتون زحمت اومدن به این جارو کشیدین... منطقی هم که نگاه کنیم حق با شماست... من مناسب احمد آقا نیستم...

فرشته - مطمئنم که هزاران دختر دم بخت تو این شهر هستن که زن خوبی برای ایشون می شن، اما در مورد خودم، زیاد مطمئن نیستم... من دانشجوام و می خوام درس بخونم... از بچه داشتن و شوهر داشتن هم ترسی ندارم، ولی الان فکر و ذکر من فقط درسه...

مادر احمد - والله مام عقیده شمارو داریم، ولی چی کار کنیم، آقا پسرمون شما رو می خواد...

فرشته - احمد آقا از شما هم برای همه چی ممنونم... امیدوارم یه روز بتونم زحماتتونو جبران کنم و دینمرو ادا کنم...

احمد - فرشته خانم شما زن منم که بشین می تونین درس بخونین... اصلا منم کنکور می دم با شما می یام دانشگاه...

فرشته - آقای ناصری، این چیزا تو حرف ساده اس، تو عمل فرق داره...

احمد - یعنی من اهل عمل نیستم...

فرشته - نه منظورم اینه که...

پدر فرشته - بسه دیگه باباجان... اینجا که جای بحث نیست...

فرشته - پس کجاست؟ داریم راجع به دو تا آدم زنده حرف می زنیم... گوسفند که معامله نمی کنین....

احمد - ببینید فرشته خانم! هر چه بخواین من براتون فراهم می کنم... هر جایی هم که شما بخواین زندگی می کنیم... روی خرید عروسی و مهریه هم هر چی شما بگین... درستونم می تونین بخونین... بخدا امضاء

 **제33장** 1359년/실내/훼레쉬테의 집 응접실

훼레쉬테의 아버지	훼레쉬테야, 가서 쉬리니[8]를 좀 나눠드리겠니...
아흐마드의 아버지	축하해...
훼레쉬테	뭘 축하해요?!
훼레쉬테	저기요... 저도 아주머니께서 저처럼 이번 일을 못마땅하게 생각하신다는 것은 잘 알아요. 아드님 때문에 내키지 않은 발걸음을 하셨다는 것두요... 저는 아흐마드씨 같은 분과 어울리는 여자가 아니에요.
훼레쉬테	저희 마을엔 그 분과 어울릴만한 여자들은 얼마든지 많아요. 하지만 제 경우엔 아닌 것 같군요. 저는 대학생이고, 공부를 더 하고 싶어요... 결혼을 하고 아이를 갖는 것은 두렵지 않아요. 그러나 지금은 공부 생각만으로 가득 차 있어요...
아흐마드의 어머니	물론 우리도 아가씨 생각은 잘 알겠어요. 하지만, 어쩌겠어, 내 아들이 원하는데...
훼레쉬테	아흐마드씨. 당신께는 정말 뭐라고 감사를 드려야 할지 모르겠군요... 언젠가는 꼭 이 은혜를 갚겠습니다. 빌려주셨던 돈도 꼭 갚아드리겠어요...
아흐마드	훼레쉬테양, 내 아내가 되어도 학업은 계속할 수 있어요. 정말 나도 대학예비고사를 봐서 당신과 함께 대학에 다녀도 좋구요...
훼레쉬테	너세르 아흐마드씨, 물론 말로야 쉽지요 실천하기는 쉽지않아요.
아흐마드	그럼 제가 말로만 그럴거란 말입니까?
훼레쉬테	아니... 제 말은 그게 아니라...
훼레쉬테의 아버지	됐다. 그만해라... 여긴 토론장이 아니야...
훼레쉬테	그럼 어디예요? 지금 우린 살아있는 인간으로서 이야기를 하고 있는 중이라구요. 죽은 양은 이럴 수 없잖아요...
아흐마드	저기, 훼레쉬테양! 뭐든지 원하는대로 준비를 할게요... 당신이 원하는 곳에서 살고... 결혼비용, 지참금도 뭐든 당신이 원하는 대로... 학업도 계속하구요... 신에게 맹세코 다시 공부할 수 있도록 서명하리다...
훼레쉬테	생각할 시간을 좀 주세요?

(8) 이란식 케이크나 단 과자

می دم که می تونین بخوانین...
فرشته - اجازه بدین فکر کنم...

فصل ۳۴ / روز. سال ۱۳۵۹ /خارجی / حیاط خانه فرشته و احمد

فرشته - صدا کن مرا، صدای تو خوب است...صدای تو...
احمد - بلندتر بخون...
فرشته - چن رو...
احمد - همونی که داشتی زمزمه می کردی...
فرشته - این یه شعر از سهراب سپهریه... می گه صدا کن مرا... صدای تو خوب است... صدای تو سبزینه آن...
احمد - صدی کی؟
فرشته - چی؟
احمد - کی صدات کنه؟
فرشته - این یه شعره!
احمد - خب بالاخره تورو یاد یکی می اندازه...
فرشته - آره شیرین... همکلاسیمه... اون این کتابو به من داد...
احمد - پس بین خودتون شیرین صداش می کردین؟
فرشته - کی یو؟
احمد - همونو دیگه...
فرشته - ولم کن تو رو خدا... اصلا حوصله ندارم...

 **제34장** 낮. 1359년/실외/훼레쉬테와 아흐마드의 집 마당

훼레쉬테	불러 주오 나를
	너의 목소리가 좋아요
	너의 목소리..
아흐마드	더 크게 해봐.
훼레쉬테	뭘요?
아흐마드	지금 중얼거리던 거...
훼레쉬테	이건 쏘흐럽 세페흐리의 시예요.
	불러 주오 나를
	너의 목소리가 좋아요
	너의 목소리...
	너의 목소린 푸르른 활기를...
아흐마드	누구 목소리?
훼레쉬테	네?
아흐마드	누가 당신을 부른다구?
훼레쉬테	이건 그냥 시라구요!
아흐마드	그래. 하지만 그 시를 읊으면서 누군가를 떠올리고 있었을 거 아냐.
훼레쉬테	네. 쉬린이요. 학교 친구였어요. 걔가 이 시집을 저한테 줬거든요.
아흐마드	그럼 당신들끼리는 그를 쉬린이라고 불렀던 모양이지?
훼레쉬테	누구를요?
아흐마드	누구긴 누구야. 그 놈 있잖아.
훼레쉬테	제발 저 좀 그냥 내버려 두세요... 참을 기운도 없어요. 전혀....

فصل ۳۵ / شب. سال ۱۳۵۹ / داخلی / خانه فرشته و احمد

احمد - داری چی کار می کنی؟
فرشته - دارم زنگ می زنم به یکی از دوستانم... رویا، تو نمی شناسیش... خیلی دختر ماهیه... می خوام بگم چند روزی بیاد اصفهان... نظرت چیه؟ تو عروسیمون که نتونست بیاد...
احمد - از کجا؟
فرشته - از تهران...
احمد - تک و تنها!؟
فرشته - خب آره...
احمد - تو هم تک و تنها می رفتی تهران؟
فرشته - آره...
احمد - چه جوری؟
فرشته - خب معلومه، سوار اتوبوس می شدم می رفتم دیگه...
احمد - با کسی هم آشنا می شدی؟
فرشته - اگه صندلی کناری خالی نبود، آره...
احمد - با مردا هم حرف می زدی؟
فرشته - آره...
احمد - با همکلاسیهات چی؟
فرشته - آره، چطور مگه؟
احمد - با پسرا هم؟!
فرشته - آره... این سؤالا چیه می پرسی؟
احمد - پس حسابی دختر آزادی بودی...
فرشته - تا آزادی رو چی بدونی؟...
احمد - چقدر یه زن باید پررو باشه که بتونه این طوری رک حرف بزنه...
فرشته - داری چی کار می کنی؟...
احمد - کنترل... تو زیاد از حد آزاد بودی، باید کنترل بشی...

제35장 밤. 1359년/실내/아흐마드와 훼레쉬테의 집

아흐마드	지금 뭐 하는 거야?
훼레쉬테	친구한테 전화 걸고 있어요. 로여라고... 당신은 아마 모를 거예요. 정말 좋은 애예요. 에스파헌에 며칠 와 있으라고 말하려구요... 당신 생각은 어때요? 우리 결혼식에도 못 왔거든요.
아흐마드	어디서 오는데?
훼레쉬테	테헤란에서요.
아흐마드	혼자서?
훼레쉬테	네, 그래요.
아흐마드	그럼 당신도 혼자서 테헤란까지 왔다갔다했단 말야?
훼레쉬테	네..
아흐마드	어떻게?
훼레쉬테	뻔하지요. 시외버스 타고 갔었어요... 왜요?
아흐마드	가는 길에 사람들하고 이야기도 하고 그랬었나?
훼레쉬테	네. 옆자리에 사람이 앉으면요...
아흐마드	그러면 남자들하고도 이야기를 했단 말야?
훼레쉬테	네...
아흐마드	같이 수업 듣는 학생들하고도?
훼레쉬테	네... 왜요? 그게 어쨌게요?
아흐마드	남학생들하고도?
훼레쉬테	네... 대체 이런 질문들을 왜 하는데요?
아흐마드	정말 자유분방한 여자였군...
훼레쉬테	자유분방한 게 뭔데요?
아흐마드	도대체 얼마나 뻔뻔한 여자면 저렇게 숨김없이 말할 수가 있는 거지?
훼레쉬테	당신 대체 지금 뭘하고 있는 거예요?
아흐마드	단속... 당신은 여태 너무 자유롭게 살았어... 행동을 좀 자제해야겠어...

فصل ۳۶ / شب. سال ۱۳۵۹ / داخلی / حیاط خانه پدر فرشته

فرشته - خلاصه این که من با این مرد نمیتونم زندگی کنم...
مادر - مادر جان، صبر داشته باش... اولشه...
فرشته - مادر جان اولش که باید شیرین تر از وسطش باشه... مسخره اس منو می بره می یاره... تلفن... تلفنو قایم می کنه... اونم از من... شرط می بندم الان هم یه جایی این دورو بر وایستاده کشیک می ده که مبادا من از این جا در برم...
مادر - اقلا بذار چند ماهی بگذره تا باباتو آماده کنم... دق می کنه... فکرشو بکن مردم چی می گن؟
فرشته - از دست این مردم...

제36장 밤. 1359년/실내/훼레쉬테의 친정 집 마당

훼레쉬테	그러니까 제 말은 더 이상 이 남자하고는 같이 못 살겠다는 거예요.
어머니	얘야, 좀 기다려봐. 결혼한 지 얼마 되지도 않았잖니.
훼레쉬테	엄마, 원래 신혼 때가 더 좋아야 하는 거라구요... 그 사람은 날 갖고 놀아요.. 전화... 전화기도 숨겨 놨다구요... 저한테서요. 지금도 분명히 이 근처에서 제가 달아나지 못하도록 감시하고 있을 게 분명하다구요.
어머니	적어도 몇 달간만이라도 그냥 지내봐... 아버지를 어떻게 설득을 해야할 것 아니냐... 네 아버지 화병 나실라... 사람들은 또 얼마나 말들이 많겠어...
훼레쉬테	엄마, 전 지금 당장 죽을 지경이라구요..

فصل ۳۷ / روز. سال ۱۳۶۰ / داخلی. خارجی / خانه احمد و فرشته

اتاق نشیمن

فرشته - بعله... بعله... نه... نه... بعله... باشه... چشم... خدا حافظ...

فرشته - مادرت سلام رسوند...

احمد - سلامت باشه... چیزی لازم نداریم؟...

فرشته - نه...

احمد - خداحافظ...

فرشته - خداحافظ...

اتاق نشیمن

فرشته - چند بار زنگ زدم نبودی...

صدای رویا - خب شماره تو می ذاشتی؟

فرشته - شوهرم زیاد دوست نداره با کسی معاشرت کنم، همش می گه خودم باشم و خودت...

صدای رویا - خب دوستت داره...

فرشته - نه بابا... الانم که با تو حرف می زنم دل تو دلم نیست...

صدای رویا - اصلا چی شد که زن این آدم شدی؟

فرشته - ببین مفصله...حالا باهات حرف می زنم...

صدای رویا - چه شکلی هست؟

فرشته - خوش تیپه، خیلی...

صدای رویا - دوستش داری؟

فرشته - اگه دعوام نمی کنی می گم ازش بدم نمی آد...

رویا - برام عکس بفرست...

فرشته - باشه برات نامه می نویسم... ببین، تو هم اگه خواستی جواب نامه رو بدی بفرست خونه بابام...

صدای رویا - خیلی خب، باشه... حالا می خوای چی کار کنی؟

 **제38장** 낮. 1360년/실내.실외/훼레쉬테와 아흐마드의 집의 응접실

훼레쉬테	네... 네... 아니요... 아니요... 네... 그럴게요... 네.. 안녕히 계세요..
훼레쉬테	어머님께서 안부 전하래요..
아흐마드	음... 그래... 뭐... 우리 필요한 건 없나?
훼레쉬테	없어요...
아흐마드	갔다올게...
훼레쉬테	다녀오세요...

응접실

훼레쉬테	내가 몇 번 전화했었는데 없더라...
로여의 목소리	전화 번호 남기지 그랬어?
훼레쉬테	남편이 내가 다른 사람이랑 연락하는 걸 별로 안 좋아하거든... 뭐든지 자기가 한다고 그래... 난...
로여의 목소리	널 사랑하니까 그러지...
훼레쉬테	아니야... 지금도 너랑 이야기하고는 있지만 난 불안해...
로여의 목소리	대체 어떻게 그 사람이랑 결혼하게 된 거야?
훼레쉬테	얘기하자면 길어...
로여의 목소리	어떻게 생겼어?
훼레쉬테	잘 생겼어, 아주...
로여의 목소리	사랑하니?
훼레쉬테	나한테 뭐라고 하지만 않으면 싫지는 않아...
로여의 목소리	사진 좀 보내줘...
훼레쉬테	그래. 내가 편지할게... 저기, 답장하려면 우리 친정 집 주소로 보내.
로여의 목소리	그래. 좋아 알았어... 이제 어쩔 셈이야?
훼레쉬테	생각 좀 해봐야겠어... 생각이 너무 복잡해... 정말 눈 깜짝 할 사이에 얼마나 많은 일이 일어나고 있는지... 내가 얼마나 그 사람과 대화로...
아흐마드	도저히 믿을 수가 없군?!...
훼레쉬테	도대체 왜 이러는 거예요?
아흐마드	누구랑 통화한 거야?

فرشته - باید حسابی فکر کنم... اونقدر ذهنم مغشوشه که... می دونی آخه این قدر همه چی یهویی شد که... فعلا که دارم روش کار می کنم...
می دونی خیلی سعی می کنم باهاش منطقی...

احمد - باورم نمی شه؟!...

فرشته - چرا این طوری می کنی؟...

احمد - با کی حرف می زدی؟...

فرشته - با رویا...

احمد - دروغ می گی...

فرشته - دروغ!... یعنی چه؟!

احمد - باید بگی با کی حرف می زدی؟

فرشته - گفتم دیگه... می خوای باور کن... می خوای باور نکن...

احمد - تو حق نداری با من این طوری حرف بزنی...

فرشته - تو هم حق نداری به من بگی دروغگو...

احمد - آخه تو چرا با من این جوری می کنی؟ مگه من به تو چی کردم؟... کلید کمدو از کجا آوردی؟!

فرشته - ساختم...

احمد - با چی؟!

فرشته - یک کلید گیر آوردم، اونقدر سوهان زدم تا شد اندازه قفل...

احمد - دروغ می گی... تو یه کسی رو بیرون داری که کمکت می کنه...
می دونستم... می دونستم پامو که می ذارم بیرون، تو این خونه یه خبراییه...

فرشته - خجالت بکش...

احمد - خیال کردی... این قدر اینجا وایمیستم تا بیادش...

فرشته - کی؟ معلوم هست که تو از کی حرف می زنی؟

احمد - دوستت...

فرشته - کدوم دوستم؟!

احمد - چه می دونم، بالاخره یکی هست... یکی مثل اون پسره... اسمش چی

훼레쉬테	로여랑요...
아흐마드	거짓말...
훼레쉬테	거짓말이라뇨? 무슨 의미예요?
아흐마드	누구랑 통화했는지 똑바로 말해야만 돼 알았어!
훼레쉬테	말했잖아요. 믿든 말든 맘대로 해요!
아흐마드	당신이 지금 나한테 이런 식으로 말할 자격이 없을 텐데...
훼레쉬테	당신도 나한테 거짓말장이라고 말할 자격 없어요.
아흐마드	도대체 나한테 왜 이러는 거야, 내가 대체 당신한테 뭘 어쨌길래? 장롱 열쇠는 어디서 구했어?
훼레쉬테	만들었어요..
아흐마드	뭘로?!
훼레쉬테	열쇠를 하나 구해서 제가 줄로 갈아서 자물쇠에 맞게 만든 거예요.
아흐마드	거짓말을 하는군... 바깥에 당신을 도와주는 사람이 있지? 난 이미 알고 있었어... 내가 외출하기만 하면 집안에서 그 사람과 서로 연락한다는 걸 다 알고 있었다구!
훼레쉬테	부끄럽지 않아요?
아흐마드	여기서 기다리고 있으면 그 사람이 올 줄 알았겠지?
훼레쉬테	누구요? 도대체 당신은 누군 지나 알고 그러시는 거예요?
아흐마드	당신 친구...
훼레쉬테	친구 누구요?
아흐마드	내가 어찌 알겠어... 드디어 한 사람이 있겠지. 저번에 그 놈같은... 이름이 뭐였더라... 왜 있잖아... 당신을 사랑한다던 놈 말야...
훼레쉬테	도대체 무슨 얘기를 할까요?
아흐마드	당신이 어떻게 했길래 그 놈이 당신을 좋아하게 된 거지?!
아흐마드	알고 있어? 당신 그 머리 속에서 무슨 생각이 들어있는지를 이미 다 알고 있다는 걸... 난 당신 생각을 읽을 수 있다고... 난 다른 사람이 내 것에 손대는 건 절대로 못 참아! 내가 그 놈을 가만두지 않을 거라구... 난 누가 날 속이게 놔두지 않아... 내가 그 동안 얼마나 많은 놈들을 손봤는 줄 알아?
아흐마드	드디어 그 놈이 왔군. 가서 문 열어봐... (소리지른다) 얼른 가!

بود، همونی که خاطرخوات بود؟

فرشته - چی بهت بگم!

احمد - چی کارش کردی خاطرخوات شد؟!

احمد - فکر کردی... من می دونم تو اون مغزت چی می گذره... من فکرتو می تونم بخونم... می دونی! من نمی ذارم کسی به حق من دست دراز کنه.. حسابشو می رسم... من نمی ذارم کسی به من نارو بزنه... من حساب خیلی هارو رسیدم...

احمد - اومدش... برو درو واکن...(فریاد می زند) د برو دیگه...

مقابل درب خروجی - حیاط

پیر مرد - سلام آقا! قبض برق...

فرشته - خیالت راحت شد...

احمد - میادش... من می دونم که میادش...

فرشته - پس اونقدر بشین تا زیر پات علق سبز بشه...

فرشته - احمد این کارارو نکن... اذیتم نکن... من زن توام، دوست توام...

احمد - نیستی... تو منو دوست نداری...

فرشته - خب بهم فرصت بده دوستت داشته باشم... مگه نمی خوای با هم زندگی کنیم؟

احمد - چرا... من می خوام... تو نمی خوای...

فرشته - خب یه قدم تو وردار، یه قدم من... اونوقت با هم دوست می شیم...

احمد - من قدممو ورداشتم فرشته، من برای تو خونه درست کردم، برات لباس می خرم، کفش می خرم... اگه من نبودم تو عاقبت خوشی در انتظارت نبود... من خیلی کوتاه اومدم... من برای تو با خانواده ام، با مردم در افتادم... غرورم...

فرشته - اذیتم نکن... بذار برم مادر و خواهرمو ببینم... تلفنو از من قایم نکن... بیا بریم کتاب بخریم، با هم کتاب بخونیم... من به تو انگلیسی یاد بدم... کنکور می دی، درس می خونیم... سفر می ریم... بذار منم تو

대문 맞은편 - 마당

노인	안녕하세요? 전기요금 고지서...
훼레쉬테	이제 됐나요?
아흐마드	올 거야... 그 놈은 반드시 올 거라구...
훼레쉬테	그러면 어디 발바닥에서 풀이 날 때까지 앉아서 기다려보세요!
훼레쉬테	아흐마드, 이러지 마요... 저 좀 괴롭히지 마세요... 난 당신 아내라구요... 평생을 당신과 함께 할 사람이라구요..
아흐마드	아니야... 당신은 날 사랑하지 않아.
훼레쉬테	그럼 나에게 당신을 좋아할 시간을 줘봐요... 당신 저랑 살고 싶지 않은거 아니잖아요?
아흐마드	그래... 난 그러고 싶어.. 하지만 당신은 아니잖아.
훼레쉬테	좋아요. 우리 서로 한 발짝씩만 양보해요. 그러면 서로 사랑할 수 있을 거예요.
아흐마드	난 양보를 했다구, 훼레쉬테... 난 당신을 위해서 집도 지어주고, 옷과 신발도 사줬어... 만약 내가 없었다면 당신이 이렇게 행복한 삶을 살 수 없었어... 나는 내 가족과 많은 사람들을 등지며 당신과 결혼했단 말이요... 내 체면은...
훼레쉬테	그럼 이제 좀 그만 놔줘요... 제 친정 집에 갈 수 있게 해줘요. 전화기도 숨기지 말구요... 우리 책도 사고 같이 읽기도 하고 그래요... 네? 제가 영어도 가르쳐 드릴게요. 당신 시험도 보세요. 같이 공부하자구요... 여행도 같이 가요... 저도 당신과 함께 인생을 같이 꾸려갈 수 있게 해주세요.
아흐마드	당신 친구 말야... 로여라는... 난 그 여자가 싫어. 당신이 그 여자랑 연락하는 건 싫단 말이야...
훼레쉬테	당신은 그 앨 만난 적도 없잖아요!.
아흐마드	그래. 그래도 싫어.
훼레쉬테	아흐마드! 그런 식으로 보지도 않고 사람을 판단하는 거 아녜요!
훼레쉬테	나랑 같이 밖에 나가요... 나가서 이야기해요... 같이 산책도 좀 하구요... 네?
훼레쉬테	아흐마드, 제발...

ساختن زندگیمون با تو شریک بشم...

احمد - اون دوستت... رویا... من از اون بدم می آد... نمی خوام باهاش رفت و آمد کنی...

فرشته - تو که ندیدیش!

احمد - خب ازش بدم می یاد...

فرشته - احمدجان! همین جوری که نمی شه راجع به مردم نظر داد...

فرشته - بیا بریم بیرون... بریم حرف بزنیم... بریم قدم بزنیم... موافقی؟

فرشته - احمد، خواهش می کنم...

فصل ۳۸ / روز. سال ۱۳۶۰ / خارجی / گردشگاه کنار زاینده رود

احمد - بی پدر و مادر! مگه خودت خواهر و مادر نداری؟ واسه چی زن مردمو نگاه می کنی...

فصل ۳۹ / شب. سال ۱۳۶۰ / داخلی / اتاق در بیمارستان

احمد - برو خونه...
فرشته - بیدار شد... حالت خوبه؟...
پدر فرشته - حالت چطوره احمد آقا؟
احمد - آقاجون خواهش می کنم فرشته رو ببرین خونه...
فرشته - من نمی خوام برم بابا...
پدر فرشته - خیلی خب من می برمش...
فرشته - من نمی خوام برم، مگه زوره...
پدر فرشته - احمد آقا یعنی که چی بره خونه؟!
پدر فرشته - من به شما دختر دادم، برده که ندادم!
احمد - برده! مگه گفتم کوه بکنه... نمی خوام زنم تو بیمارستان باشه... نمی خوام...
پدر فرشته - احمد آقا! اگه این وضع بخواد ادامه پیدا کنه... مجبورم که...
احمد - مجبوری چی؟ چی کار می کنین؟ چی کار می کنین؟
احمد - نه د بگو... بد کردم آبروتو نو خریدم... بد کردم حیثیت از دست رفته تونو بهتون بر گردونم... ها... مجبوری که چی؟

제38장 낮. 1360년/실외/자얀데강 가의 공원

아호마드	애비 에미도 없는 놈! 도대체 왜 임자 있는 여자를 넘보는 거야...

제39장 밤. 1360년/실내/병실

아호마드	집에 가 있어...
훼레쉬테	깨어났어요! 괜찮아요?
훼레쉬테의 아버지	자네 몸은 좀 어떤가?
아호마드	장인어른, 훼레쉬테 좀 집으로 데려가 주십시오.
훼레쉬테	전 집으로 가고 싶지 않아요. 아버지...
훼레쉬테의 아버지	좋아... 내가 데려감세...
훼레쉬테	전 가기 싫다구요. 절 강제로 보내겠단 말이예요?
훼레쉬테의 아버지	여보게, 집에 데려가라니 그게 무슨 소린가?!
훼레쉬테의 아버지	난 자네에게 내 딸을 보낸거지, 하녀를 준 게 아닐세!
아호마드	하녀라뇨? 제가 언제 저 사람더러 굴이라도 파라고 했습니까? 저는 단지 제 아내가 병원 같은 곳에 있는 게 싫단 말입니다. 싫다구요.
훼레쉬테의 아버지	이보게, 만약에 이런 상황이 계속된다면 말일세... 그 땐 나도 어쩔 수 없이...
아호마드	어쩔 수 없이 뭡니까? 어쩌시겠다는 겁니까? 뭘 어쩌시려구요?
아호마드	아니야. 어서 말씀하세요. 내가 구해 준 것이 실수였어... 땅에 떨어진 명성을 다시 찾아준 내가 잘못이었다구... 흥, 뭘 어쩐다는거예야?

فصل ۴۰ / شب. سال ۱۳۶۰ / داخلی. خارجی. / یک تاکسی در خیابان

پدر - حالت چطوره؟
فرشته - خوب نیستم...
پدر - چه کارا می کنی؟
فرشته - بچه داری...
پدر - چی؟
فرشته - بچه داری؟
پدر - این جوری حرف نزن... آدم که راجع به شوهرش این جوری حرف نمی زنه...
فرشته - چشم...
پدر - خواستم خوشبخت باشی...
فرشته - نه، خواستین از شر من راحت بشین... منو فروختین به یک پسر بچه که هر بلائی دلش می خواد سرم بیاره...
پدر - کتکتم می زنه؟...
فرشته - با دست نه ولی با زبون...
فرشته - خدایا! حالا با این بچه ای که تو دلمه چی کار کنم؟
پدر - درست می شه... بزار بچه بیاد...
فرشته - یعنی قراره معجزه بشه... چرا می ذارین زندونیم کنه... مگه من چه گناهی کردم؟
پدر - اولشه... بذار یه مدت بگذره، وقتی حالش بهتر شد باهاش حرف می زنم... همش مال اینه که دوستت داره...
فرشته - می خوام صد سال سیاه دوستم نداشته باشه...
فرشته - پدر کمکم کن... کمک کن ازش جدا بشم...

 **제40장 밤. 1360년/실내.실외/거리의 택시 안**

아버지   몸은 괜찮니?
훼레쉬테   죽지 않아요...
아버지   그래. 요즘은 뭐하고 지내니?
훼레쉬테   애키우며....
아버지   뭐라고?
훼레쉬테   애키우기 라!
아버지   그렇게 말하지 마라... 남편을 그런 식으로 말하면 못쓰는 법이다.
훼레쉬테   그래요.
아버지   네가 행복하기를 바랬었는데..
훼레쉬테   아니요. 저의 굴레에서 벗어나고 싶으셨겠죠... 아버지는 저를 자기식대로 하려는 미성숙한 남자에게 팔듯이 떠 넘기셨으니까요.
아버지   폭력도 쓰니?
훼레쉬테   손으로는 아니지만요, 말로는...
훼레쉬테   신이시여! 이제 뱃속에 있는 이 아이는 어찌해야 한단 말입니까?
아버지   다 잘 될 거야... 아이는 낳도록 하거라...
훼레쉬테   기적이라도 일어난단 말인가요? 왜 이런 감옥에 갇혀 살게 내버려두는 거예요? 도대체 제가 무슨 죄가 있다고...
아버지   아직은 시간이 이르지 않니... 좀 더 시간을 두고 지켜보자꾸나... 그 사람 건강이 회복되면 내가 잘 이야기해보마.. 그게 다 널 사랑하니깐 그런 거 아니니...
훼레쉬테   영영 절 사랑하지 않았으면 좋겠군요.
훼레쉬테   아버지, 저 좀 도와 주세요. 그 사람이랑 이혼할 수 있게 좀 도와주세요.

فصل ۴۱ / روز. سال ۱۳۶۰ / داخلی / اتاق قاضی

قاضی - خانم خرجی می ده؟

فرشته - بعله...

قاضی - مسکن برات تهیه کرده؟

فرشته - تعله...

قاضی - کتکت می زنه؟

فرشته - نخیر...

قاضی - دوستان ناباب داره؟

فرشته - نخیر...

قاضی - مشروب می خوره خانم؟

فرشته - نخیر...

قاضی - قماربازی می کنه؟

فرشته - نخیر...

قاضی - پس دلیلتون برایتقاضای طلاق چیه خانم؟

فرشته - بد دله... شکاکه... اذیتم می کنه... به شعور من توهین می کنه... زندونیم می کنه...

قاضی - خانم دلایل برای حکم طلاق کافی نیست... بفرمائید برید...

فرشته - حاج آقا... من دارم با مردی زندگی می کنم که انتخابش نکردم... این مرد داره هویت انسانی منو نابود می کنه... داره منو از من می گیره...

قاضی - خانم خدمتتون عرض کردم... دلایل برای حکم طلاق کافی نیست...

فرشته - اجازه بدین من حرفمو بزنم حاج آقا... حاج آقا این مرد می خواد منو تبدیل به زنی بکنه که نیستم... اون زنی که اون می خواد با این زنی که من هستم دو تا زن متفاوته حاج آقا...

قاضی - وقت دادگاهو نگیر خانم.. این دلایل کافی نیست.. نفر بعدی...

فرشته - حاج آقا یه دقیقه صبر کنین... حاج آقا به من نگاه کن... منو ببین...

제41장 낮. 1360년/실내/재판관실

판사 남편이 생활비를 주나요?

훼레쉬테 네.

판사 거주지를 제공했나요?

훼레쉬테 네.

판사 폭력을 휘두릅니까?

훼레쉬테 아니오.

판사 정부가 있습니까?

훼레쉬테 아니오.

판사 남편이 술을 마십니까, 부인?

훼레쉬테 아니오.

판사 도박을 합니까?

훼레쉬테 아니오.

판사 그러면 도대체 이혼을 요구하는 이유가 뭡니까?

훼레쉬테 나쁜 생각을 품고 있어요. 절 의심해요... 절 괴롭힌다구요... 제 지성을 모독해요. 절 가둬 놓는다구요...

판사 부인, 그런 것들은 이혼 사유로는 적절치가 않습니다. 돌아가 세요.

훼레쉬테 재판장님... 저는 제가 선택하지도 않은 남자랑 살고 있다구요... 그 사람은 저를 인간으로 취급하지 않아요. 제 존재 자체를 저한테서 송두리째 뺏고 있어요...

판사 부인, 제가 말씀 드렸다시피... 그것들은 충분한 이혼사유가 되지 못합니다.

훼레쉬테 재판장님, 제 이야기를 들어보세요. 재판장님, 이 남자는 지금 제가 아닌 자신이 원하는 다른 여자로 바꿔 놓으려고 하고 있어요. 저랑은 완전히 다른 인간이라구요, 재판장님...

판사 법원의 시간을 지체시키지 마십시오... 부인... 이혼사유로는 부적절합니다. 다음 분 들어오세요.

훼레쉬테 재판장님 일분만 더 시간을 주세요. 재판장님, 저 좀 보세요. 저 좀 보시라구요... 저도 인간이에요. 저도 사람답게 살고 싶다구요.. 어떻게 생활비를 안 주는 사람은 나쁜 남편이라고 생각하시면서 제 지성을 모욕하고, 인간 취급도 안 하는 사람은 나쁜 남편이 아니라고 생각하실 수 있는 거

من انسانم و می خوام مثلانسان زندگی کنم... چطوریه که شما فکر می کنین اگه یه مردی خرجی نده، آدم بدیه، اما اگه به شعور من توهین کنه، اگه هویت انسانی منو نابود کنه، آدم بدی نیست... من که توقع زیادی ندارم... من فقط می خوام، فقط می خوام به عنوان شریک زندگی، نظر منم، عقیده منم راجع به این که می خوام چی بپوشم؟ چی بخورم؟ کجا برم؟ چی کار کنم؟ با کی معاشرت کنم؟ محترم شمرده بشه...

قاضی - خانم وقت دادگاهو نگیر... نفر بعدی...

فرشته - این توقع زیادیه...

قاضی - آقا شمام اجازه بدین زندگیشونو بکنن...

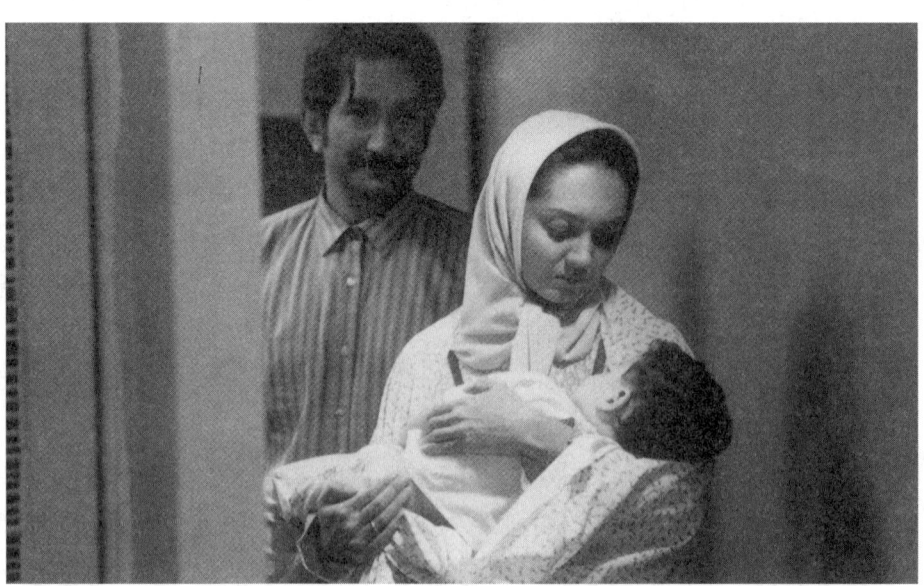

예요? 제가 많은 걸 바라는 게 아니에요... 저는 단지... 단지... 전 인생의 동반자로서...제가 뭘 입을지, 뭘 먹을지, 어디에 살지, 무엇을 할지, 누구와 연락을 하고 지낼지... 이런 것들에 제 생각이 조금이라도 반영되기를 바랄 뿐이라구요... 존경하는 재판장님, 제발 다시 한번 생각해 주세요...

판사   부인, 법정 시간을 지체시키지 마세요. 다음 분...
훼레쉬테   제가 많은 것을 바랬나요...
판사   당신도 따님이 그냥 살게 내버려두십시오.

فصل ۴۲ / روز. سال ۱۳۶۰ / خارجی / حیاط خانه پدر فرشته

فرشته - بابا من دیگه بر نمی گردم تو اون خونه... اگرم دوست ندارید پیش شما باشم می رم تهران پیش عموم... همونجا کار پیدا می کنم می مونم...

پدر - آخه چطوری؟ فراری به حساب می آی، جرمه...

مادر - یه زن تنها و حامله؟ مردم چی می گن...

فرشته - اومدش...

احمد - سلام...

همگی - سلام...

احمد - حاضری؟

احمد - بیا بریم خونمون... بریم حرف بزنیم...

فرشته - بریم

فصل ۴۳ / زمان مکان های مختلف. سال ۱۳۶۰

صدای فرشته - از بخت بد حامله شده بودم... اونم چه حامله ای... با بدترین نوع ویار... اصلا دلم نمی خواست احمد به من نزدیک بشه... از بوی آشپزخانه بدم می اومد...از بوی آدم ها... بوی آدمارو از صد متری تشخیص می دادم... حالم بشدت بد بود... ۴ ماه تمام این ویار وحشتناک با من بود و متأسفانه اختلاف مارو روز به روز بیشتر می کرد... احمد نمی تونست بفهمه که این مسئله هیچ ارتباطی به من نداره و یک مسئله کاملا طبیعی یه... همه رو می داشت به حساب نفرت من از خودش...

제42장 낮/ 1360년/ 실외/ 훼레쉬테의 친정 집 마당

훼레쉬테 아버지, 전 이제 그 집에 다시는 돌아가지 않겠어요. 아버지가 제가 여기 있는 게 못마땅 하시다면 테헤란에 있는 삼촌댁으로 갈게요. 거기서 일을 구해서 살겠어요...

아버지 어쩌겠다구? 도망친다구? 않될 일이지.

어머니 홀몸도 아닌데다 여자 혼자서? 사람들이 뭐라고 하겠니...

훼레쉬테 그 사람이 왔어요...

아흐마드 안녕하세요..

모두들 안녕하세요.

아흐마드 준비됐오?

아흐마드 자, 우리 집으로 갑시다... 가서 얘기 하자구.

훼레쉬테 가요...

제43장 다양한 시간대 및 장소/1360년

훼레쉬테의 목소리 아주 안 좋은 시기에 임신이 됐어... 임신이라니... 그것도 가장 안 좋은 입덧까지... 아흐마드가 내 곁에 오는 건 정말 싫어... 부엌냄새가 싫어... 사람 냄새도... 100미터 밖에서도 사람냄새가 느껴져... 갑자기 속이 안 좋아진다구... 4개월 내내 이 끔찍한 입덧이 계속되었고, 불행히도 이 입덧으로 인해 우리의 사이는 점점 더 나빠지게 되었지... 아흐마드는 이게 내 의지와는 관계없이 일어나는 일이라는 걸 이해하지도 못했고... 이건 지극히 자연적인 현상이라는 것도... 모든 것은 내가 자신을 싫어해서 생긴 일이라고 여겼지...

فصل ۴۴ / روز. سال ۱۳۶۱ / داخلی / راهروی زایشگاه

پرستار - زور بزن... داد بکش... چرا همچی می کنی؟! با توام...
پرستار - داد بزن...

فصل ۴۵ / شب. سال ۱۳۶۱ / داخلی / خانه فرشته و احمد

فرشته - خدای من، من آمادگی بچه ندارم... من... من سرم می آد... من احساس توقف می کنم... چیزهای دیگه ای می خواستم... می خواستم باشم... حرف هایی داشتم... خیلی چیزها... نقشه هام... رویاهام... باورم نمیشه... بچه من... پسر من... نه این عادلانه نیست...
فرشته - و حالا یکی دیگه...

제44장 낮. 1361년/실내/분만실 복도

간호사 힘을 주세요, 소리를 질러요... 왜 이러는 거예요?! 쌍둥이?!

간호사 소리 질러요.

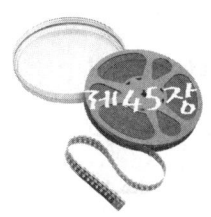

제45장 밤. 1362년/ 실내/ 아흐마드와 훼레쉬테의 집

훼레쉬테 나의 신이여, 이게 내 아이란 말인가요... 제겐 왜 이런 불행이 일어나는 건가요... 전 아직 아이를 키울 준비가 되어있지 않아요... 저는... 저는.. 마치 정지된 것 같은 기분이에요... 다른 것을 원했어요... 다른 것이 되고 싶었다구요... 하고 싶은 일이 있었어요... 아주 많은 것들... 내 계획들... 내 꿈들... 믿을 수가 없어요. 내 아이라니... 내 아들... 아니... 이건 공평치가 못해요...

훼레쉬테 그리고 하나 더 라니...

فصل ۴۶ / روز. سال ۱۳۶۲ / داخلی. خارجی / پارک و خیابان ها

فرشته - احمد پول بده... پول بده...

فرشته - احمد دانشگاه ها باز شده... باورت می شه؟! کلیه دانشجویان دانشگاههای تهران برای ثبت نام در روزهای... وای باورم نمی شه...

احمد - که چی؟

فرشته - خب من باید برگردم دانشگاه، درسمو بخونم...

احمد - آها...

فرشته - بد نمی شه... نه؟

احمد - بعدش چی؟

فرشته - برای بچه هامونم خوبه... تازه منم از این فشار روحی درمیام... بالاخره یه کاریه که دوست دارم...

احمد - تو که امکانشو نداری...

فرشته - خب... می تونم انتقالی بگیرم به دانشگاه اصفهان... اصلا می تونم تغییر رشته بدم... بچه هارم بالاخره مامانم کمک می کنه... بیا سعی خودمونو بکنیم دیگه... ها؟

احمد - خب، حالا فرض کن درستو خوندی، بعدش چی؟

فرشته - خب، بچه ۱۹ که بزرگ شدن، کارم می تونم بکنم...

احمد - کار کنی؟ آهان پس می خوای کار کنی! پس زندگیمون چی؟

فرشته - خب زندگی یعنی همین دیگه...

احمد - بد فکری هم نیست... اما من خوب می دونم تو مغز تو چی می گذره فرشته... تو بدت نمی آد شرایط گذشته یواش یواش رو به راهبشه... از نظر عاطفه مادری هم که می لنگی...

فرشته - من از نظر عاطفه مادری می لنگم؟ می خوام درس بخونم اونم بخاطر زندگی خودمونه... بخاطر آینده بچه ها...

احمر - بس کن دیگه فرشته... تو دائم تو فکرت یه چیز دیگه است، من به یه چیز دیگه فکر می کنم... اون یکی شدن هم که تو شعار می دی بین ما

# 제46장 낮. 1362년/실내실외/공원과 거리들

훼레쉬테	아흐마드... 돈 좀 줘요... 돈 좀.
훼레쉬테	아흐마드, 대학이 다시 열린데요. 믿을 수 있어요?! 테헤란에 있는 모든 대학 학생들이 등록을 위해서... 아아, 믿을 수가 없어요.
아흐마드	그래서 어쨌다고?
훼레쉬테	전 다시 대학에 가서 공부를 해야 한다구요.
아흐마드	어, 그러시겠다..!
훼레쉬테	나쁜 게 아니잖아요, 그렇지 않아요?
아흐마드	그 다음엔 어쩔 건데?
훼레쉬테	아이들한테도 좋을 거예요. 다시 새롭게 정신적인 충격에서 벗어날거예요. 마침내 내가 좋아하는 일이...
아흐마	당신 그게 가능한 일이야...
훼레쉬테	그래요. 에스파헌 대학으로 옮길 수도 있을 거예요. 아니면 아예 전공을 바꿔도 되구요... 아이들은 엄마가 봐주실 거예요. 우리 할 수 있는 데까지 해봐요, 네?
아흐마드	좋아, 그럼 당신이 공부를 한다고 치자, 그리고 나서는 어쩔건데?
훼레쉬테	아이들이 자라고 나면, 저도 일을 할 수 있잖아요.
아흐마드	일을 해? 흥, 그러니깐 일을 하러 나간다구! 그러면 우리 인생은 어떻게 하고?
훼레쉬테	그래요. 바로 그게 인생이잖아요...
아흐마드	나쁜 생각은 아니지... 하지만 난 당신 그 머리 속에 무슨 생각을 하고 있는지 잘 안다구, 훼레쉬테... 당신은 옛날에 내가 결혼하면서 제시했던 조건들을 슬며시 들춰내려는데... 이제는 아예 모정마저 팽개치자는거야...
훼레쉬테	제가 모성애를 버렸다구요? 제가 공부를 하겠다는 것도 다 우리를 위해서 예요. 우리 아이들의 장래를 위해서 라구요...
아흐마드	됐어. 그만해, 훼레쉬테... 항상 당신이랑 나랑은 생각하는 게 달랐어. 당신이 항상 말하는 그 하나가 되자는 말도 우리 사이에서는 처음부터 말도 안 되는 소리야. 전혀 의미가 없어. 이미 엎질러졌고 이제는 당신을 되돌릴 수도 없게 되어버렸다구!
훼레쉬테	당신은 왜 사람이 가슴에 있는 말을 못하게 해요? 왜 항상 사람 말을 미리

اصلا معنی نداره... تو پایه هات ریخته شده و نمی شه عوضت کرد...

فرشته - تو چرا نمی ذاری آدم حرف دلشو بزنه... چرا همش جبهه می گیری؟

احمد - می دونم... می دونم حرف دل تو همیناست... تو دلت یه زندگی دیگه می خواد... بی بندوباری، ولگردی...

فرشته - نه تو نمی دونی من دلم چی می خواد، ولی راست می گی نمی تونی منو عوض کنی... به هر حال درس خوندن من شرط ازداواجمون بود...

احمد - درس تو زندگی توئه... خانواده توئه...

فرشته - حدس می زدم کار به این جا برسه، ولی من درسمو می خونم، تو هم کاری نمی تونی بکنی...

احمد - می رم به مسئولان دانشگاه می گم من به عنوان همسر ایشون راضی نیستم...

فرشته - راشی نیستی!؟ تو قول دادی...

احمد - کجا این ثبت شده... من کی اجازه دادم؟!

فرشته - احمد!

احمد - همین که گفتم...

فرشته - طلاق می گیرم...

احمد - طلاق می گیرم! طلاق می گیری؟ اشکالی نداره، مصمئن باش من از پس بزرگ کردن بچه ها بر می یام... ولی دلم برای تو می سوزه... تو بدبخت می شی... توی قدر نشناس با اون گذشته تاریکت...

فرشته - خب حالا چیه؟ چرا این قدر تند می ری؟

احمد - کی دلش به حال تو سوخته... من خر بودم، من...

فرشته - خیلی خب بابا اصلا حق باتوئه... یواشتر برو...

	다 끊어 버리냐구요?
아흐마드	다 알아... 당신이 할말이야 뻔하잖아... 당신은 다른 삶을 꿈꾸고 있어... 되는 대로 자유분방하게 사는 거...
훼레쉬테	아니요. 당신은 제가 뭘 원하는지 몰라요. 그러나 당신이 날 변하게 할 수 없다는 말은 맞아요. 어쨌든 제가 학업을 계속하게 해 준다고 했던 건 당신이 내건 우리의 결혼 조건 중의 하나였으니까요...
아흐마드	공부가 당신 인생의 전부야? 당신 가족보다 소중하냐고?
훼레쉬테	일이 이렇게 될 줄 예상은 했었어요. 하지만 저는 계속 공부를 할 거예요. 당신도 이제 어쩌지 못할 거예요...
아흐마드	내가 대학에 가서 말해주지. 당신의 남편으로서 당신이 학업을 계속하는 데에 동의할 수 없다고.
훼레쉬테	동의할 수 없다니요? 이건 당신이 약속했던 거잖아요...
아흐마드	증거라도 있나? 내가 언제 동의했어?!
훼레쉬테	아흐마드!
아흐마드	내가 말한 대로 해!
훼레쉬테	이혼하겠어요...
아흐마드	이혼하겠다구! 이혼하겠어! 상관없어, 하지만 이것만은 똑똑히 알아둬. 애들은 내가 키우겠어... 당신이 안됐군... 당신은 아주 불행해 질 거라구... 자신을 어둡고 불행한 과거에서 구제해 준 나에게 감사할 줄도 모르는...
훼레쉬테	그래요. 지금은 뭐예요? 왜 이렇게 빨리 모는 거예요?
아흐마드	당신을 위해준 사람이 누구지? 내가 바보였군... 내가...
훼레쉬테	그래요. 알았어요... 당신 말이 맞아요... 그러니깐 제발 좀 천천히 가요.

فصل ۴۷ / نیمه شب. سال ۱۳۶۶ / داخلی / اتاق خواب

فرشته - چرا غذاتو نخوردی؟ سرد می شه...

احمد - تو چرا نمی خوری؟

فرشته - آخه چاق شدم... رژیم گرفتم...

احمد - نه برای چاقی نیست... تو چندان چاق نیستی... بشین غذاتو بخور...

فرشته - گفتم که رژیم گرفتم... صداتم بیار پایین بچه ها بیدار می شن...

احمد - این کارا چیه می کنی؟!

فرشته - نرمش می کنم... دلم نمی خواد هر کی منو می بینه، فکر کنه تبدیل به یه زن چاق شدم که فقط به فکر خوردن و خوابیدنه... برا روحیه مم خوبه...

احمد - تو اگه به شوهر و بچه ات خوب برسی مطمئن باش روخیهتم خوب می شه...

فرشته - خب آره... ولی خب بذار یه خورده هم به خودم برسم...

احمد - که به خودت برسی!... ببین فرشته، تو نمی تونی منو گول بزنی، مطمئن باش من فکر همه آدمارو می خونم... من یه پا روانشناسم، جامعه شناسم... تو تا دهن باز کنی من می فهمم تو اون مغز خراب تو چی می گذره... من می دونم تو چه جور زندگی می خوی... به خودم برسم... به خودم برسم...

 **제47장** 자정. 1366년/실내/침실

훼레쉬테	왜 안 먹어요? 식어요...
아흐마드	그러는 당신은 왜 안 먹어?
훼레쉬테	살이 많이 쪘어요... 다이어트 중이에요.
아흐마드	살쪄서 그러는 게 아니겠지. 당신 별로 뚱뚱한 편도 아니야. 앉아서 밥이나 먹어.
훼레쉬테	다이어트 중이라고 말했잖아요. 목소리 좀 낮춰요. 애들 깨요...
아흐마드	대체 무슨 짓을 하고 있는 거야?
훼레쉬테	스트레칭 체조요. 누가 절 보고 먹고 자고만 하는 뚱뚱한 아줌마로 변했다고 생각하는 건 싫어요. 제 정신건강에도 좋구요.
아흐마드	당신이 남편이나 애들한테 잘하면 당신 정신건강에도 좋아질거야.
훼레쉬테	그래요. 알아요. 하지만 이제 저 자신도 생각하려구요.
아흐마드	당신 자신한테도! 이거 봐, 훼레쉬테. 날 속일 생각 마. 난 모든 사람들의 생각을 읽을 수 있다는 걸 명심하라구... 난 심리학자고 사회학자라고... 당신이 입만 열어도 그 순간 썩어빠진 머리 속에 무슨 생각이 들어 있는지 알 수가 있다구... 난 당신이 어떻게 살고 싶어하는지 이미 다 알고있어. 뭐? 당신 자신도 생각한다구? 당신 자신?

فصل ۴۸ / روز. سال ۱۳۶۶ / داخلی / خانه پدر فرشته

فرشته - بابا من دیگه به اون خونه بر نمی گردم...تمومش کنین...

پدر - باز چی شده؟ این جوری که نمی شه هر کاری راهی داره...

فرشته - بابا راهش چیه؟ راهش چیه؟... نه واقعا بهتون می گم، راهش چیه؟

فرشته - بذارین بره شکایت کنه... اقلا چند ماهی طول می کشه... بذارین خودمو پیدا کنم... نمی تونم تحمل کنم... نمی تونم...

فصل ۴۹ / روز. سال ۱۳۶۶ / داخلی / اتاقی در خانه پدری فرشته

فرشته - می رم چند تا دگمخ و زیپ می خرم زود بر می گردم... مواظب بچه ها باش...

فاطمه - خیالت راحت باشه...برای منم یه زن روز بخر، می گن الگوهای خوبی داره...

فرشته - باشه... بچه ها! خاله رو اذیت نکنین تا من بر گردم...

فصل ۵۰ / روز. سال ۱۳۶۶ / خارجی / خیابان

احمد - همون چیزهایی که گفتم... یادت نره...

خواهر - نه، خیالت راحت باشه...

제48장 낮. 1366년/실내/훼레쉬테의 친정 집

훼레쉬테 아버지, 전 이제 다시는 그 집으로 돌아가지 않겠어요. 제발 끝내게 해주세요.

아버지 또 무슨 일이냐? 이렇게는 안 된다. 무슨 일이든 해결 방법이 있는 거야.

훼레쉬테 아버지, 도대체 그 방법이라는 게 뭐예요? 어떤 방법이요? 진심으로 드리는 말씀인데요. 이 문제의 해결 방법이라는 게 뭐냐구요?

훼레쉬테 그 사람 그냥 가서 고소하게 내버려두세요... 적어도 몇 달은 걸릴 테니까요. 제 자신을 돌아볼 시간을 갖게 내버려두세요. 더 이상은 참을 수가 없다구요. 견딜 수 없다구요.

제49장 낮. 1366년/실내/훼레쉬테의 친정 집 방

훼레쉬테 나 잠깐 나가서 단추랑 지퍼 좀 사 가지고 올께. 아이들 좀 잘 봐줘.

훠테메 걱정 마. 언니, 오면서 여성지도 하나만 사와. 사람들이 그 잡지에 괜찮은 바느질 견본이 많대.

훼레쉬테 알았어. 얘들아! 엄마 갔다 올 테니깐 이모 괴롭히지 말고 잘 놀고있어.

제50장 낮. 1366년/ 실외/ 거리

아흐마드 내가 말했던 거 알죠? 잊어 버리지 말아요.

누나 그래. 알았다. 걱정 마라.

فصل ۵۱ / سال ۱۳۶۶ / داخلی. خارجی. / خانه پدری فرشته

فاطمه - به خدا فرشته نمی دونی چقدر التماس کرد... گفت فقط دو سه دقیقه تو ماشین... گفتم صبر کنید فرشته بیاد بهش بگم... گفت زود می یارمشون، فرشته نمی فهمه... خجالت کشیدم... روم نشد بگم نه... گفت باباشون دلش تنگ شده بر بچه ها...

فرشته - ماد الان علی و محمد من چی می خورن؟   کی لباسشونو می شوره؟ کی نازشون می کنه؟ آخه کی... کی؟

فرشته - مامان من چند وقته بچه هامو ندیدم؟

مادر - ده روزه دخترم...

فرشته - نه... چند سالی می شه... چند سالی میشه... من اینجا چی کار می کنم! مامان من باید برم...

فرشته - چادرم کو؟

فصل ۵۲ / شب. سال ۱۳۶۶ / خارجی / کوچه مقابل خانه فرشته و احمد

فرشته - بچه هام...

제51장 1366년/ 실내. 실외/ 훼레쉬테의 친정 집

훠테메	언니, 정말 그 사람이 얼마나 간곡하게 부탁했는지 언니는 모를 거야... 나한테 이, 삼분만이라도 차안에서 볼 수 있게 해달라고 그랬다구. 곧 돌려 보낸다고 했다구. 언닌 이해 못 해... 난 부끄러웠어 못한다고 말할 용기가 없었어. 형부가 애들 때문에 못 견뎌했대는데...
훼레쉬테	엄마, 지금 우리 알리와 모함마드는 뭘 먹고 있을까요? 애들 옷은 누가 빨아주죠? 애들은 누가 돌봐주죠? 아, 누가... 누가?
훼레쉬테	엄마, 내가 우리 아이들을 못 본지 얼마나 됐죠?
어머니	열흘이란다.
훼레쉬테	아니요... 몇 년은 된 것 같아요. 몇 년은 됐을 거예요... 내가 여기서 대체 뭘 하고 있는 거지! 엄마, 저 가야겠어요!
훼레쉬테	처도르가 어디 있지?

제52장 밤. 1366년/실외/훼레쉬테와 아흐마드의 집 맞은편 골목

훼레쉬테	애들아...

فصل ۵۳ / ۷ روز پیش / خارجی / حیاط، کوچه و پذیرایی خانه فرشته و احمد

حیاط و کوچه

احمد - اینا چیه؟

فرشته - چی؟ کی؟

احمد - حواست کجاست؟ می گم اینا چیه؟

فرشته - شب نما...

احمد - برو تو...

اتاق پذیرایی

احمد - کی رفته بیرون؟...

فرشته - هیچکی... چطور مگه؟

احمد - پس اون شب نماها چطور اومده تو این خونه؟!...

فرشته - هیچی... علی رفته خریده...

احمد - علی رفته خریده؟... از کجا؟

فرشته - از همین سر خیابون...

احمد - واسه چی؟

فرشته - ا ا... مسعود پسر همسایه از این شب نماها خریده بود... بچه ها خیلی ذوق زده شده بودن... علی خیلی التماس کرد...

احمد - خب؟

فرشته - گفتم برو ولی زود برگرد...از همین سر خیابون...

احمد - از اون پیر مرده... احمق تو می دونی اون چه جور آدمیه؟!

فرشته - نه از کجا بدونم؟... حالا مگه چه عیبی داره اگه بچه ها تحت کنترل باشن. بعضی کاراشونو خودشون بکنن...

احمد - با من این جوری حرف نزن... (رو به مادر فرشته می کند) خانم می بینین اختلافای ما سر چه چیزاییه... بچه رو تنهایی مر فرسته مغازه یک آدم... بابا من آدم به این گنده گی پا تو مغازه اون پیر مرده نمی

제53장 7일전/실외/마당, 골목, 훼레쉬테의 집 응접실

마당과 골목

아흐마드	이것들은 뭐야?
훼레쉬테	뭐요? 누구요?
아흐마드	정신을 어디다 팔고 있는 거야? 이것들은 뭐냐니까?
훼레쉬테	야광 스티커요.
아흐마드	안으로 들어가.

응접실

아흐마드	누가 밖으로 나간거야?
훼레쉬테	아무도요... 왜요?
아흐마드	그럼 이 야광 스티커들은 이 집에 어떻게 들어와 있는거지?
훼레쉬테	알리가 나가서 사왔어요.
아흐마드	알리가 나가서 사 와? 어디서?
훼레쉬테	바로 요 골목에서요.
아흐마드	뭣 하러?
훼레쉬테	저... 옆집에 사는 마스우드가 이런 야광 스티커를 샀었어요. 애들이 그걸 무척 좋아하더라구요. 알리가 하도 사달라고 졸라서...
아흐마드	그래?
훼레쉬테	그래서 가서 얼른 사 가지고 오라고 했죠... 멀리 가지말고 바로 요 골목에서 사라고...
아흐마드	그 늙은이한테서? 당신 대체 그 영감이 어떤 인간인지 알기나 하는 거야?
훼레쉬테	아니요. 제가 그런 걸 어떻게 알겠어요? 그리고 애들 좀 내보내면 무슨 큰 일이라도 나나요? 잘 지켜 보기만 한다면, 애들도 혼자 할 수 있는 일이 있어야 한다구요...
아흐마드	나한테 그런 말도 안 되는 소리하지마... (장모의 얼굴을 바라보며)장모님, 우리가 뭐 때문에 싸우는지 이제 아시겠습니까? 이 사람은 애들을 혼자서 그런 사람의 가게에 보낸다구요. 난 이 나이에도 아직 그런 영감이 있는 가게에는 발을 들여놓지 않는데 말이지...
훼레쉬테	아이구, 됐어요. 어쨌든 아무 일도 없었잖아요. 전 그 노인이 어떤 사람인

ذارم...

فرشته - بابا بگذر... حالا که چیزی نشده... من نمی دونستم اون پیر مرده چه جور آدمیه...

احمد - تو نمی دونی... تو هیچی نمی دونی... تو چی رو می دونی؟... خانم می بینین چی به روزم می آره... این دختره به هیچی اهمیت نمی ده... احساس نداره... حس مادری نداره... من ضجه زدم... خواستم تربیتش کنم... فایده نداشت... حالا می فهمم بی فایده اس... این دختر شما آدم بشو نیست...

احمد - شما همتون عین همین... می خواین بچه های منو خراب کنین... می خواین منو نابود کنین... اعصابمو خرد کنین...

	지 몰랐었다구요.
아흐마드	몰랐겠지... 당신은 아무 것도 모르잖아... 대체 당신은 아는 게 뭐야? 장모님, 보세요... 이 사람이 이렇다니까요. 도대체 아무것도 신경을 쓰지 않는다구요. 아무것도 느끼지도 못하고... 심지어는 모성애도 없어요. 제가 울면서 사정도 해보고, 이 사람을 교육시키려고도 해 봤지만... 소용없는 짓이었어요. 이제서야 제가 소용도 없는 짓을 했다는 걸 알겠어요. 장모님의 딸은 제대로 된 아내나 엄마가 되기는 틀린 일이라구요...
아흐마드	당신들은 모든게 다 이래... 내 아이들을 망쳐놓으려는 수작들이지... 나를 없애버리려는 거야... 내 정신을 혼미하게 하려는 속셈이지...

فصل ۵۴ / روز. ۶ روز پیش / داخلی. خارجی / خانه احمد و فرشته و کوچه ها

داخل اتاق

محمد - مامان من تمومش کردم...

فرشته - آفرین پسرم، حالا رنگش کن ببینم پسرم زندگی رو چه رنگی می بینه...

علی - مامان ببین چطوره؟

فرشته - به به... خوبه رنگش کن تا ببینم...

محمد - مامان! بابا اومد...

فرشته - خسته نباشی... خوب شد زود اومدی می خوام باهات حرف بزنم...

احمد - پدرسوخته خیلی جورت با مامانت جور شده ها...

علی - مامان نقاشیمو ببین...

احمد - خب پسرم بگو ببینم... تو منو بیشتر دوست داری یا مامانو؟

محمد - هم شمارو هم مامانو...

احمد - ای کلک...

فرشته - این سؤلات چیه از بچه می کنی؟

احمد - می خوام تکلیفمو با پسرام روشن کنم ببینم، مامانشونو بیشتر دوست دارن یا باباشونو...

فرشته - اثر بد می زاره...

احمد - ولمون کن بابا، صدتا بلا سرمون آوردن هیچی مون نشده... حالا من یه سؤال ساده از بچه ام بپرسم اثر بد می زاره...

فرشته - آره اثر بد می زاره...

احمد - اینا یه مشت مزخرفاته که آدم های بیکار نشستن سرهم کردن که منو تو رو بچاپن...

احمد - برای چی می خندی سیب زمینی، کلم... تو نه رگ داری نه عاطفه... حرفایی که به تو زدم اگه به سنگ زده بودم آب می شد...

احمد - معلوم بود... از روز اول هم معلوم بود که من خودمو گول می زنم... تو

제54장 낮. 6일 전/실내.실외/훼레쉬테와 아흐마드의 집과 골목

방안

모함마 엄마, 다 그렸어요.

훼레쉬테 그래, 잘 그렸네... 이제 색칠을 해 봐야지? 우리 아들은 이 세상을 무슨 색깔로 보는지 엄마가 한 번 보게...

알리 엄마, 보세요, 어때요?

훼레쉬테 어머나... 잘 그렸네! 자 색칠도 해볼까?

모함마드 엄마! 아빠 와요!

훼레쉬테 다녀오셨어요, 수고하셨네요... 일찍 와서 잘 됐네요... 얘기할 게 있었는데...

아흐마드 이런 못된 놈, 너 완전히 엄마편이 됐구나...

알리 엄마, 내 그림 좀 보세요.

아흐마드 모함마드... 넌 아빠가 더 좋니, 아니면 엄마가 더 좋니?

모함마드 아빠도 좋고 엄마도 좋아요.

아흐마드 에이, 요런... 약은 것...

훼레쉬테 애한테 그게 무슨 질문이에요?

아흐마드 그냥 애들하고 내 관계를 확실히 하고 싶었던 것 뿐이야. 애들이 지 엄마를 더 좋아하는지 아니면 아빠를 더 좋아하는지..

훼레쉬테 애들한테 나쁜 영향을 미쳐요.

아흐마드 그만 참견 해. 그 동안 우리에게 안 좋은 일들이 많았던 건 사실이지만, 결국 아무 것도 달라진 건 없어... 그런데 이제 내가 애들한테 물은 것가지고... 나쁜 영향을 미친다구...

훼레쉬테 네. 애들한테 안 좋아요.

아흐마드 이런... 됐어! 더 이야기 해 봐야 할 일 없는 사람들끼리 앉아 서로를 헐뜯는 것 밖에 더 되겠어!

아흐마드 대체 뭣 땜에 웃는 거야? 이런 빌어먹을! 당신은 밸도 없어? 내가 당신한테 했던 말들... 내가 돌에다 대고 했어도 이미 알아들었을게다...

아흐마드 당연한 거였어... 이미 첫날부터 난 내 자신을 속여 왔다구... 당신은 내 일부가 아니었는데... 당신을 너무 사랑했기 때문에 난 자꾸 내 자신을 속이면서까지...

تیکه من نبودی... خودمو گول می زدم چون دوستت داشتم...

فرشته - دوستم داشتی و این قدر...

احمد - این قدر چی؟...

فرشته - احمد، من... من شخصیت خودمو گم کردم... مشکل دارم، ناراحتم... بذار خودم باشم... بخدا خودم بهترم... از اونی که تو می خوای بهترم...

احمد - نه من نمی خوام خودت نباشی...

فرشته - من دیگه نمی دونم کی ام؟ چی ام؟ چی می خوام... دیگه حتی نمی تونم برم تا سر خیابون... فکر می کنم همه کارهای من اشتباهه... بذار خودم باشم... بذار باهات دوست باشم... من که دیگه جز تو کسی رو ندارم... بیا بریم حرف بزنیم... بریم پیش مشاور خانواده...

محمد - اینکتابا مال منه بابا...

احمد - اینارو از کجا آوردی؟

فرشته - از یکی گرفتم...

احمد - از کی؟

فرشته از یه کسی...

احمد - خریدی؟...

فرشته - من؟! من از این خونه بیرون می رم؟

احمد - پس ار کجا آوردی؟

احمد - گفتم از کجا آوردی، مگه کری؟

فرشته - از جهنم آوردم... از درک آوردم... خسته ام کردی... آخه چرا باید من این قدر توضیح بدم، خسته شدم...

احمد - با من این جوری حرف نزن...

فرشته - چشم...

احمد - تو می خوای منو بکشی...

فرشته - آره درسته... حالام بچه هامو ور می دارم می رم...   تو هم برو به درک...

احمد - می دونستم... می دونستم دوستم نداری... می دونستم آرزوی مرگ

훼레쉬테	날 사랑했다구요? 그래서 이 정도로...
아흐마드	이정도로 뭐?
훼레쉬테	아흐마드, 난... 난 내 자신을 잃었어요. 어려워요... 힘들어요... 내 자신의 모습 그대로 살게 좀 내버려둬요. 맹세코 이대로가 더 낫다구요... 당신이 원하는 모습보다 지금 저 자신의 모습 그대로가 더 나아요.
아흐마드	아니야, 난 당신이 다른 사람이 되기를 원하는 게 아니라구.
훼레쉬테	난 이제 내 자신이 누군지도 모르겠어요? 난 뭐냐구요? 뭘 원하는지.. 이제는 골목에 조차도 혼자서는 못 나간다구요... 모든 것들이 실수투성이예요... 제발 그대로 내버려둬요. 당신을 이해할 수 있고 사랑할 수 있게 좀 내버려 두라구요. 난 이제 당신말고는 아무도 없잖아요... 가서 얘기 좀 해요, 우리... 가정상담원에게 가서...
모함마드	이거 제 책이에요, 아빠...
아흐마드	이것들 어디서 난 거냐?
훼레쉬테	어떤 사람한테서 얻었어요.
아흐마드	누구한테서?
훼레쉬테	그냥 아는 사람이요.
아흐마드	산 거야?
훼레쉬테	내가요?! 내가 이 집구석에서 밖에 나갈 수라도 있나요?
아흐마드	그럼 어디서 난 거야?
아흐마드	어디서 난 거냐고 물었잖아. 귀 먹었냐구?
훼레쉬테	지옥에서 가져왔어요.. 불구덩이에서 가져 왔다구요... 저 좀 이제 그만 괴롭혀요. 피곤해요. 내가 대체 왜 이렇게 일일이 다 변명해가면서 살아야 하죠? 나도 이젠 지쳤어요...
아흐마드	나한테 이런 식으로 말하지 마.
훼레쉬테	네, 그러죠.
아흐마드	당신 날 아주 죽일 셈이로군.
훼레쉬테	네. 그래요... 제 아이들을 데리고 가겠어요. 당신도 지옥에나 가요...
아흐마드	다 알고 있었어. 당신이 날 좋아하지 않는다는 걸... 당신이 내가 죽기만을 바라고 있다는 걸 난 다 알고 있었어...
훼레쉬테	허, 그래요? 천재네요! 내가 당신이 죽기를 바라는 건 당연하잖아요? 이제 또 무슨 말을 할건가요? 나 좀 놔 줘요... 지겨워요... 이건 애들을 가르치기 위한 책이에요... 내가 무슨 죽을 죄를 지었나요... 전 애들을 처음

منو داری...

فرشته - والله تو نابغه ای!... معلومه که آرزوی مرگتو دارم... حالا چه می گی؟ خلاصم کن... خسته شدم... بابا کتاب تربیت کودکه، جنایت که نکردم.. من که تجربه بچه داری ندارم، بالاخره باید از یه جهنم دره ای یاد بگیرم یا نه...

احمد - خب از مادرم می پر سیدی... از خواهرام...

فرشته - من تربیت اونارو قبول ندارم...

احمد - د... اما تربیت خودتو فبول داری!؟

فرشته - نه تربیت تورو قبول دارم نه تربیت خودمو... هیچ کدام از ما دو تا رو برای لذت بردن از زندگی تربیت نکردند، مخصوصا تورو... برو به هر کی می خوای بگو... بگو زنم کتاب می خونه که بچه هامو آدم تربیت کنه، آدم... بچه ها بیاین بریم...

احمد - کجا؟

فرشته -دیگه به تو مربوط نیست...

احمد - گفتم کجا؟

فرشته - ولم کن خسته شدم... به خدا خسته شدم...

احمد - گفتم کجا داری می ری؟

فرشته - کجارو دارم برم... نه گذاشتی درسمو بخونم، نه کار یاد بگیرم... می رم گوشه مسجد بشینم گدایی کنم، گدایی...

احمد - تو حق نداری پاتو بذاری بیرون... من بهت اجازه نمی دم...

فرشته - پس بیا جلومو بگیر... بچه ها بیاین بریم...

حیاط

احمد - وایستا ببینم کجا داری می ری؟ اینارو کجا می بری؟ بچه ها، برین اونور ببینم...

فرشته - چی می گی؟ حرف حسابت چیه؟ خواستم یه کلمه باهات حرف بزنم، نخواستی گوش بدی... چی می خوای از جون من؟ چی می خوای؟ ولم

	키우는 거잖아요. 어떻게든 애들을 잘 키우려면 저도 뭘 알아야하잖아요, 아닌가요?
아흐마드	우리 어머니께 여쭤보지 그랬어, 아니면 우리 누님도 있잖아...
훼레쉬테	저는 당신 식구들 교육방식을 받아들일 수가 없어요.
아흐마드	어허... 당신 교육방식만 옳다 이거야?!
훼레쉬테	당신 교육방식도, 내 교육방식도 모두 옳지 않아요... 우리 둘 모두 인생을 즐기는 데에는 이미 실패했으니까요. 특히 당신을... 지나가는 사람 아무나 붙잡고 말해봐요. 내 아내가 아이들 교육에 관한 책을 읽는다고... 사람이라면... 애들아, 가자.
아흐마드	어딜 가?
훼레쉬테	이제 당신이랑 상관없는 일이에요...
아흐마드	어딜 가냐고 묻잖아!
훼레쉬테	제발 좀 내버려둬요... 지쳤다구요... 정말 지쳤다구요...
아흐마드	어딜 가냐고 묻잖아?!
훼레쉬테	내가 어디 가냐구요... 공부도 못하게 하고, 일도 못 배우게 하니... 사원 구석에 앉아서 구걸이나 하려구요, 동냥...
아흐마드	여기서 한 발자국도 나갈 자격 없어... 내가 허락하지 않아.
훼레쉬테	그럼 와서 어디한번 우리 앞을 막아봐요. 애들아, 가자.

마당

아흐마드	거기 서 봐. 대체 어딜 가겠다는 거야? 애들을 어디로 데리고 가려는 거야? 애들아, 저리로 좀 가 있거라.
훼레쉬테	도대체 무슨 말을 하는 거예요? 하고 싶은 말이 대체 뭐예요? 난 당신과 대화를 나누고 싶었지만 당신은 안중에도 없었어요... 도대체 나한테 뭘 원해요? 원하는게 뭐냐구요? 날 좀 내버려 둬요. 당신 때문에 미치겠어요. 정말 당신 때문에 돌아버리겠다구요... 당신은 저를 송두리째 망가뜨리고 있어요. 자아의식... 자신감... 그 모든 걸 저에게서 빼앗아 가버렸다구요! 이제 세상 모든게 다 겁나요... 심지어는 내 그림자조차도 무섭다구요... 당신은 날 감옥에 가둬 놓았어요. 난 이 집이 정말 혐오스러워요... 문과 벽에서도 슬픔이 묻어나요. 당신은 날 미치게 한다구요! 내 아이들까지 미쳐버리게 내버려 둘 순 없어요...
훼레쉬테	기다려요. 보여줄 게 있어요.

کن، دیوونه م کردی، بخدا دیوونه م کردی... اعتماد به نفس منو گرفتی ... دیگه از همه دنیا می ترسم، حتی از سایه خودم... از تو... برامون زندون درست کردی... از این خونه متنفرم... از در و دیوارش غم می باره... دیوونه م کردی، نمی ذارم بچه هامو دیوونه کنی...

فرشته - صبر کن یه چیزی نشونت بدم...

فرشته - خوب نگاه کن، اینا همه مال منه... فکر کردی جلوی یک آدم کتاب خونو می شه گرفت که کتاب نخونه...

احمد - فرشته!

محمد - باباترو خدا...

علی - بابا مامانو اذیت نکن، بذار بره...

احمد - نه، اذیت نمی کنم... شما برید تو خونه من الان می یام...(فریاد می زند) د برید دیگه...

کوچه ها

حسن - بالاخره گیرت آوردم...

حسن - نابودم کردی...

حسن - می خواستم بگیرمت، نذاشتی... می خواستم خوشبختت کنم، نذاشتی... می خواستم مردت بشم و نون شبتو بیارم، نذاشتی...

حسن - می خوستم خلاف نکنم، نذاشتی... د لامصب من هی خوستم و تو نذاشتی...

فرشته - برای من ادای فیلمارو درنیار... منم می خواستم درس بخونم، نذاشتی ... خواستم خدمت کنم و یه چیزی بشم، نذاشتی... خواستم سر نوشت خواهر و برادرامو عوض کنم، نذاشتی... می خواستم زندگی کنم، نذاشتی... هیچ کدومتون نذاشتین... تو نذاشتی، بابام نذاشت، شوهرم نذاشت... حالا چیه، چرا معطلی؟ بیا بزن خلاصم کن... خسته شدم، یک عمر زندگی با تهدید، توهین، تحقیر...

فرشته - پس چرا معطلی؟! چرا تمومش نمی کنی؟ دیگه نمی تونم... نمی تونم تحمل کنم...

훼레쉬테 잘 봐요... 이게 모두 내 책이에요... 당신은 내가 책을 못 읽게 막을 수 있다고 생각했었겠죠...

아흐마드 훼레쉬테!

모함마드 아빠, 제발..

알리 아빠, 엄마 괴롭히지 마세요... 엄마 가게 내버려두세요...

아흐마드 아냐, 엄마를 괴롭히려는 게 아니다. 너희들은 집에 들어가 있거라. 곧 나도 들어갈테니... (소리를 지르며)들어가라니깐!

골목

하산 드디어 잡았군.

하산 날 없애버리려고 했지?

하산 당신을 잡고 싶었는데, 당신이 허락칠 않았었지... 당신을 행복하게 해주려고 했는데, 못하게 했어... 당신과 결혼하고 싶었는데, 못하게 했어...

하산 죄를 않짓고 싶었는데, 못하게 했어... 정말 하고 싶은 일이 많았었는데, 다 당신이 못하게 했어!

훼레쉬테 내 앞에서 연기하지 마. 나도 공부하고 싶었는데, 못하게 했어... 나도 열심히 해서 뭔가가 되고 싶었는데, 못하게 했어... 내 동생들의 신세를 바꿔주고 싶었는데, 못하게 했어... 난 내 인생을 살고 싶었는데, 못하게 했어. 당신들이 날 못하게 했다구, 당신도, 아버지도, 내 남편도... 이게 뭐야? 뭘 망설여? 차라리 날 죽여! 그래서 날 풀어 줘... 지쳤어... 위협, 모욕, 경멸로 가득 찬 삶에 지쳤다구...

훼레쉬테 뭘 망설여! 왜 끝내버리지 않는 거야? 나도 더 이상은 못 견디겠어. 더 이상은 참을 수가 없다구...

فصل ۵۵ / نیمه شب / داخلی / خانه رویا

فرشته - نه این که تو زندگیم لحظات قشنگ نداشتم، داشتم... اما آنقدر کمرنگ بوده که یادم نمی یاد... خواستم بهش بگم، بگم که حسن آزاد شده... خواستم باهاش حرف بزنم... اما نشد، نخواست، یعنی نذاشت... نمی دونی رویا، نمی دونی چه تلاشی کردم تا زندگی که به من تحمیل شده بود رو بسازم... خواستم دوستش داشته باشم... خواستم مثل شهرزاد قصه گو باشم، نمی خواستم تسلیم بشم.... ولی اون کنیز می خواست... و عاقبت...

فرشته - از بیمارستانه...

متین - بله... بله... یه لحظه اجکازه بدید... رویا جان با تو کار دارن... از بیمارستانه...

رویا - مرسی...

رویا - بله... بله... فردا صبح می آئیم اونجا... بعله... متشکرم...

فرشته - مرد...

فرشته - پس هیچ وقت نمی فهمه من این جا بودم؟...

رویا - نه هیچ وقت...

فرشته - فکر می کنم دوستش داشتم، مثل یک زندانی که زندانبانشو دوست داره...

رویا - دلم نمی خواست بمیره... دلم براش می سوخت...

فرشته - رویا!

رویا - چیه عزیزم...

فرشته - حالا من باید چکار کنم؟

متین - زندگی...

فرشته - مطمئن نیستم بتونم... یادم رفته... باید فکر کنم... حالا باید بچه هارو دست تنها بزرگ کنم، یعنی می تونم؟... باید صبور بود و واقع بین... بچه ها! بچه ها باید باباشونو ببینن، باید بفهمن که باباشون مرده... وای

 **제55장** 자정/실내/로여의 집

훼레쉬테	그렇다고 나한테 행복했던 순간들이 없었던 건 아냐... 있었어... 하지만 그 기억이 너무 흐려서 잘 떠오르지를 않아... 그 사람한테 말하고 싶었어... 하산이 나왔다고... 그 사람이랑 대화를 좀 해보고 싶었어... 하지만 안됐어... 그 사람이 원하지를 않았어, 허락하질 않았어... 로여, 넌 모를 거야... 넌 내가... 나한테 주어진 삶에 충실하려고 얼마나 노력했는지 모를 거야... 그 사람을 사랑하고 싶었어... 샤흐르저드공주[9] 처럼 말로 그 사람의 마음을 돌려놓고 싶었어... 그 사람한테 져주고 싶었어... 하지만 그 사람은 날 하녀 취급했어... 그리고 결국...
훼레쉬테	병원에서 온 전화일거야...
마틴	네... 네... 잠시만요... 로여, 당신 전화야... 병원이야...
로여	고마워요.
로여	네... 네... 내일 아침에 갈게요... 네... 감사합니다.
훼레쉬테	죽었대...
훼레쉬테	그럼 내가 여기 있었다는 거 모르겠지?
로여	절대로 모를거야...
훼레쉬테	나... 그 사람을 좋아했었나봐... 죄수가 간수를 좋아하는 것처럼...
로여	네 맘 다 알아...
훼레쉬테	그 사람이 죽기를 원했던 게 아냐... 그 사람, 불쌍하고 안됐어...
훼레쉬테	로여!
로여	어... 뭐?
훼레쉬테	이제 난 어떻게 해야하지?
마틴	삶은...
훼레쉬테	내가 정말 할 수 있을지 자신이 없어... 다 잊어버렸는걸... 생각 좀 해봐야겠어... 이제 아이들도 내 손으로 혼자 키워야하는 거지... 내가 할 수 있을까? 인내심이 있어야하고, 좀 더 현실주의자가 되어야겠어... 아이들! 아이들에게 아버지를 보여줘야 할텐데... 그래야 아이들도 아버지가 돌아가신 걸 알 테니깐... 후... 왜 이렇게 할 일이 많지?

(9) '아라비안 나이트' 의 등장인물

من چقدر کار دارم...

فرشته - رویا!...

رویا - جانم...

فرشته - یه احساس عجیبی دارم... مثل یک پرنده آزادم، ولی بال ندارم...

رویا - می فهمم...

فرشته - رویا!...

رویا - جانم...

فرشته - بحر می کنی چه بلائی سرم بیاد؟...

رویا - هیچ بلائی... فقط تو یه مدت مریض و ضعیف شدی... باید بخوابی، عمیق هم بخوابی... بعدش موفق می شی... می تونی تصمیم بگیری فرشته... مطمئنم... من تو رو خوب می شناسم...

فرشته - آره می تونم برم تمرین رانندگی... برم کلاس کامپیوتر... یه کاری یاد بگیرم... تو فکر می کنی منو دوباره تو دانشگاه قبول کنن؟

رویا - باید سعی تو بکنی...

فرشته - بچه ها چی؟... اونارو به من می دن... یا بابابزرگشون... یا عموشون... باید مبارزه کنم... رویا!

رویا - جانم...

فرشته - خدا به من صبر بده... خدا به من صبر بده، چقدر من کار دارم... باید دانشکده برم، پدر و مادر بچه هام باشم...

فرشته - وای وقت رو نباید از دست بدم...

فرشته - رویا!

رویا - جانم...

فرشته - یه کتاب... یه کتاب داری راجع به زنانی که باید تنهایی بچه هاشونو بزرگ کنن؟

پایان

훼레쉬테	로여!...
로여	그래...
훼레쉬테	아주 이상한 기분이 들어... 자유로운 새가 된 것 같은... 하지만... 날개가 없어...
로여	이해해...
훼레쉬테	로여!
로여	그래...
훼레쉬테	나한테 무슨 고난이 닥쳐올까?
로여	아무 것도... 넌 그냥 잠시 아프고 약해졌던 것 뿐이야... 좀 자야겠다... 푹 자고 나면 다 잘 될 거야... 넌 뭐든 결단을 내릴 수 있어... 훼레쉬테. 내가 장담해... 내가 널 누구보다도 잘 알잖아...
훼레쉬테	그래... 운전연습도 하러 갈 거고... 컴퓨터도 배우러 가야지... 뭐든 하나쯤 배워야겠어... 네 생각에는 대학에서 날 다시 받아줄 것 같아?
로여	해 봐야지...
훼레쉬테	아이들은? 아이들을 내가 키우게 해줄까? 아니면... 애들 할아버지나... 삼촌한테... 내가 애들을 맡을 수 있도록 싸워야 하는데... 로여!
로여	그래...
훼레쉬테	신이 나에게 인내심을 주시길.. 참을성을... 해야 할 일이 너무 많네... 학교도 가야하고 아이들의 어머니와 아버지가 되어 주어야하고...
훼레쉬테	아... 이렇게 시간을 낭비해 버려서는 안 되는데...
훼레쉬테	로여!
로여	그래..
훼레쉬테	책... 혹시 혼자 아이들을 키워야 하는 여자에 관한 책 가지고 있니?

끝

در باره نویسنده و کارگردان

تهمینه میلانی متولد ۱۳۳۹ تبریز - فارغ التحصیل رشته معماری از دانشگاه علم و صنعت. فعالیت های سینمایی را از سال ۱۳۵۸ به عنوان دستیار کارگردان و طراح صحنه در کارگاه آزاد فیلم آغاز کرد. در مدت ۱۰ سال فعالیت پشت صحنه با کارگردانانی همچون: مسعود کیمیایی، ناصر تقوایی، افشین شرکت، حسن هدایت، امیر قویدل و ... همکاری نموده است. وی علاوه بر فیلمنامه شش فیلم ساخته شده توسط خودش، چندین فیلمنامه دیگر نیز نوشته است که برخی از آنها توسط کارگردانان دیگر سینمای ایران به فیلم بر گردانده شده است.

تهمینه میلانی علاوه بر فعالیت های سینمایی، به عنوان یک آرشیتکت در دفتر معماری "آرتابین" که با همسرش پایه گذاری کرده، فعال است و در طراحی فرهنگسراهای مختلف، از جمله فرهنگسرای امیر کبیر (فیطریه)، سینما شرق و ... همکاری داشته است. در ضمن، وی مدیریت شرکت سینمایی "آرتا فیلم" را بر عهده دارد. تهمینه میلانی یک دختر چهار ساله بنام ژینا دارد. او به اتفاق همسر و فرزندش در تهران زندگی می کند.

작가와 감독에 관하여

타흐미네 밀러니[10]는 1339년(서기력: 1960년) 타브리즈에서 출생 – 산업대학교에서 건축학을 전공으로 졸업. 그녀는 1358년(서기력: 1979년)부터 조감독과 무대디자인으로 영화 자유원에서 이 분야에 관한 일을 시작하게 되었다. 10년 동안 마스우드 키미여이, 너쎄르 타그버이, 아후신 쉐르캬트, 하산 헤더야트, 아미르 가비델 등의 감독들과 활동하였다. 그녀가 쓴 6편의 시나리오 이외에 여러 편의 다른 시나리오가 있고 그 중에서 일부는 이란의 다른 영화감독들에 의해 영화화되었다.

타흐미네 밀러니는 영화에 관한 활동이외에도, 건축가라는 자격으로 그녀의남편이 세운 "어르터빈" 건축설계사무소에서 활동하고 있다. 다양한 문화원을 설계하였고 그 가운데서도 (게이타리예)[11]에 있는 아미르 캬비르문화원, 솨르그영화관과…에 참여했다. 또한 그녀는 "어르터필름"이라는 영화사의 책임을 맡고 있다. 타흐미네 밀러니는 지너라는 이름을 가진 4세의 딸을 두고 있고 남편과 함께 테흐런에 살고 있다.

작품연보

1368년[12] – 이혼한 가정의 아이들
1369년 – 탄식의 전설
1370년 – 또 무슨 소식?!
1373년 – 커커도
1377년 – 두 여자
1379년 – 숨겨진 반쪽
현재 구상 중 –5번 째 반응

(10) 이란어는 인명을 읽을 때 '……의(이란식 음은 [e])'에 해당하는 음을 이름과 성사이에 첨가시킨다. 그러므로 문자는 '타흐미네 밀러니'가 되고, 음은 '타흐미네 예 밀러니'가 된다. 읽는 인명을 직역하면 즉, '밀러니家의 타흐미네'가 된다. 앞의 P.7을 참고바람.
(11) 테헤란의 북부에 위치한 지명.
(12) 이란력으로 표기한다. 서기력에서 621년을 빼면 이란력이 된다. 그러나 이란의 새해가 3월 21일 춘분에 시작되기 때문에 약간의 차이가 있을 수 있다.

감독 타흐미네 밀러니

커커도

이혼한 가정의 아이들

탄식의 전설

또 무슨 소식?!